AUSGEWÄHLTE TEXTE

Herausgegeben von
Hans Christian Meiser

ROMANO GUARDINI

GOLDMANN VERLAG

Made in Germany · 8/87 · 1. Auflage

Umschlaggestaltung: Design Team München
Satz: Filmsatz Schröter GmbH, München
Druck: Presse-Druck, Augsburg
Verlagsnummer: 11027
Lektorat: Sybille Terrahe/Herstellung: Gisela Ernst
ISBN 3-442-11027-D

Inhalt

Anstelle eines Vorworts:

Ansprache von Professor Ernst Reuter
anläßlich der Verleihung des Friedenspreises des
Deutschen Buchhandels an
Romano Guardini
am 24. September 1952 in der Paulskirche
zu Frankfurt am Main

Hochverehrter Herr Professor Guardini!
Hochansehnliche Versammlung!

Mir ist die ehrenvolle Aufgabe zugefallen, den Friedenspreis des deutschen Buchhandels im Namen der deutschen Verleger und Buchhändler Ihnen, sehr verehrter Herr Professor Guardini, zu überreichen. Es ist ein Friedenspreis, den ich Ihnen übergeben soll. Ich übergebe Ihnen diesen Preis hier in der Paulskirche, einer Stätte, die jedem Deutschen in Erinnerung an die tragische Geschichte des deutschen Volkes im 19. Jahrhundert besonders heilig ist, und ich komme zu dieser festlichen Stunde der Überreichung aus Berlin, aus der Stadt, deren tägliches Erleben das Schicksal unseres Volkes in diesen friedlosen Nachkriegsjahren widerspiegelt, die wie eine schwere Last auf uns allen liegen, weil der Krieg zwar äußerlich beendet ist, in Wirklichkeit aber aus ihm kein neuer Friede entstanden ist. Als die deutschen Buchhändler und Verleger einen

Friedenspreis schufen, wollten sie damit zum Ausdruck bringen, daß zwischen der geistigen Arbeit der Schriftsteller, Denker, Dichter, ihrer Verleger und der Buchhändler und der tiefen Friedenssehnsucht eines Volkes, das durch ein entsetzliches Inferno hindurchgegangen ist, die lebendigste innere Verbindung besteht; sie glaubten wohl auch, als sie mich baten, Ihnen diesen Friedenspreis zu überreichen, daß der Bürgermeister Berlins diese Friedenssehnsucht unseres Volkes, die die Friedenssehnsucht der ganzen Welt ist, am tiefsten begreifen und empfinden wird. Ob es mir gegeben sein wird, ihr den Ausdruck zu verleihen, der der Tiefe dieser Empfindung entspricht, das ist eine andere Frage; aber ich empfinde mit der ganzen inneren Leidenschaft, ohne die die Führung des Berliner Freiheitskampfes niemals möglich sein würde, die tiefe Bedeutung dieses Kampfes als eines Kampfes um den Frieden.

Es scheint ein Widerspruch in dem Wort zu liegen, daß wir um den Frieden einen Kampf führen. Es scheint ein Widerspruch darin zu liegen – aber es ist kein Widerspruch. Der Friede ist, wie die Freiheit, wie alle hohen Güter, für die zu leben und sich einzusetzen die unverbrüchliche Pflicht eines jeden von uns ist, kein Geschenk des Himmels, das ohne unser Zutun, ohne unsere Hingabe, ohne unsere Opferbereitschaft, ohne unser tägliches und stündliches Kämpfen uns von den Göttern, die das Schicksal der Welt in den Händen haben, geschenkt wird. Der Friede ist – so empfinden wir es heute – das hohe, das höchste Gut der Menschheit und unseres gequälten Volkes, und dieses Gut wird uns nur zuteil wer-

den, wenn wir selber all unsere Kraft einsetzen, um dieses Ziel zu erreichen.
Der Krieg ging vor sieben Jahren zu Ende. Die Zeit, die seitdem verflossen ist, scheint uns endlos. Als er zu Ende ging, waren, wie immer beim Abschluß eines großen, die Völker verzehrenden Ringens, die Menschen von der Hoffnung erfüllt, daß dieser Krieg, der alles in den Schatten stellte, was wir je erlebt haben, das Ende gewaltsamer Zusammenstöße bedeuten möge. Die Soldaten kehrten heim, und die Waffen wurden buchstäblich in die Ecke gestellt. Nicht nur unser Volk sollte nach dem Willen der Völker entwaffnet werden. Heute sind wir von dem neu beginnenden Rüsten der ganzen Welt umgeben, die sich anschickt, sich in ein Waffenarsenal zu verwandeln. An allen Ecken und Enden der für den Tatendrang der Großen zu klein gewordenen Erde werden neue Waffen geschmiedet, und inmitten eines trügerischen Waffenstillstandes züngeln schon die Flammen eines beginnenden kriegerischen Zusammenstoßes im fernen Asien. Mit Grausen und Schrecken denken wir alle an die Möglichkeit, daß diese Flammen unter Umständen wie ein alles verzehrender Steppenbrand sich über die ganze Erde verbreiten könnten.
Der Geschichtsschreiber, der heute beginnen würde, die Geschichte unseres 20. Jahrhunderts zu schreiben, müßte das Gefühl haben, daß es ihm wie Thukydides gehen könnte, der seine große Geschichte des Krieges zwischen Sparta und Athen in der trügerischen Periode des Zwischenfriedens begann, der doch in Wirklichkeit auch nur ein Waffenstillstand war. Er mußte die Feder neu in die Hand nehmen, als der Krieg von

neuem begonnen hatte, der mit dem Fall der stolzen geistigen Hauptstadt Griechenlands endete. Aber in dem Fall dieser Hauptstadt bereitete sich auch schon der Untergang des alten Griechenlands vor. Ein Geschichtsschreiber, der heute beginnen würde, das gleiche zu tun, würde mindestens heute nicht wissen, ob er wirklich die Geschichte der kriegerischen Auseinandersetzung schon zu Ende führen kann, denn er weiß heute noch nicht, ob der Waffenstillstand unserer Tage in einen Frieden verwandelt werden kann oder ob er nur ein Übergang ist, aus dem sich eine größere Katastrophe vorbereitet.

Wir Deutschen sind seit langem zu sehr geneigt, uns nur als Objekt der geschichtlich waltenden Kräfte zu empfinden. Die tragische Geschichte unseres Volkes hat uns wenig Gelegenheit gegeben, die Ansätze zu einer echten, schöpferischen, lebendigen und politisch gestaltenden Freiheit ihrem natürlichen Ziele der echten Herrschaft des Volkes über sein eigenes Geschick zuzuführen. Wir sind in die beiden großen Katastrophen des 20. Jahrhunderts ohne unser eigenes Zutun, aber nicht ohne unser eigenes Verschulden hineingeraten. Mehr denn je empfinden alle denkenden und politisch handelnden Menschen, die sich der Verantwortung für das Schicksal dieses Volkes bewußt sind, die Notwendigkeit, die großen gestaltenden und schöpferischen Kräfte unseres Volkes aufzurufen, daß sie an der Lösung der Schicksale unserer Zeit aktiven Anteil nehmen, daß sie nicht die Hände in den Schoß legen, daß sie sich nicht mit philosophischer Betrachtung begnügen, sondern daß sie in tätiger Mitarbeit den historisch bedingten, aber – wie wir meinen –

keineswegs unvermeidlichen Gegensatz zwischen Tüchtigkeit, Vitalität, ökonomischer und technischer Leistungsfähigkeit unseres Volkes und seinem spürbaren Mangel an politisch gestaltender Kraft überwinden helfen.

Wie immer, so sind wir auch heute von den sogenannten Realisten, den Menschenverächtern umgeben, die der Überzeugung sind, daß der Mensch nun einmal zum Bösen bestimmt und zum Bösen verdammt sei und daß das Schicksal unabänderlich seinen Lauf nehmen müsse. Wir sind umgeben von den Defaitisten, die die lebendigen Kräfte unseres Volkes niemals gekannt haben und niemals kennen werden und darum meinen, es habe doch alles keinen Sinn, das Verhängnis werde sowieso seinen Lauf nehmen, uns sei nur das eine übriggeblieben, uns in den Marsch der Bataillone einzufügen. Wir sind auch umgeben von den mit Zahlen, mit Kanonen, mit Divisionen, mit Bomben rechnenden Kräften, die alle ernstlich glauben, daß seelenlose Waffen allein das Schicksal der Welt entscheiden werden.

Sicher ist das eine: Wer für den Frieden kämpft, muß in dieser Welt, in der wir leben, den Realitäten ins Auge sehen. Das Medusenhaupt unserer Zeit wird uns entgegengehalten. Aber dieses todbringende Antlitz darf uns nicht lähmen, darf uns nicht versteinern, darf uns nicht zu hoffnungsloser Passivität oder verderblicher Verzweiflung führen.

Die kleine Insel, von der ich zu Ihnen komme, ist auf der großen Karte des Weltgeschehens nur ein bedeutungsloser Punkt. Die gut zwei Millionen Menschen, die dort ausharren und deren heroischer Widerstand die Achtung der Welt gewonnen hat, können nicht glauben, daß sie imstande wären oder stark genug seien, das Weltgeschehen aus ihrer eigenen Kraft heraus allein zu gestalten. Aber doch glaube ich, daß die Kraft dieser Stadt, ihr belebendes, anfeuerndes, mahnendes und hoffnungsvoll in die Zukunft weisendes Beispiel uns allen etwas sagen kann.

Es ist ein Kampf um die Freiheit und um den Frieden, ein Kampf, der mit friedlichen Mitteln unter Einsetzung der ganzen Existenz geführt worden ist, ein Kampf, der gezeigt hat, was man gewinnen, was man erobern, was man erreichen kann, wenn die moralischen Kräfte lebendig sind und wenn sie die Hilfe der Welt finden, weil den, der sich selbst nicht aufgeben will, andere am Ende auch nicht im Stich lassen können.

Es hat für uns Deutsche und es hat am wenigsten für uns Berliner Sinn, über die Fehler und über den Mangel an vorausschauender Weisheit der Sieger zu klagen. Was für eine tragische, ja grauenvolle Verkennung der wirklichen Realitäten der europäischen Zukunft hat dazu geführt, daß man dieses Land, das Herzstück Europas, in zwei Teile zerfallen ließ, daß man ein System, das uns allen fremd ist und das niemals, ich wiederhole *niemals* imstande sein wird, von den Deutschen Besitz zu ergreifen, in die Lage versetzte, weit über Weimar und Wittenberg hinaus mitten hinein nach Deutschland vorzustoßen und seine uns alle bedrohende Macht bis vor die Tore unserer ältesten Kulturzentren vorzuschieben. Wir konnten darüber nicht klagen und jammern; wir mußten uns die Frage vorlegen, ob wir uns mit diesen angeblichen Tatsachen abfinden wollten oder nicht. Wir haben uns nicht mit ihnen abgefunden! Wir haben uns dazu bekannt, daß wir frei bleiben wollen! Wir haben erkannt, daß nur freie Menschen wirklich die Wohltat des Friedens werden genießen können! *(Beifall.)* Die Freiheit ist für uns wirklich der Odem unseres Lebens, und ohne sie wären wir nichts als armselige Sklavengeschöpfe, die in der Fron der Knechtschaft vergehen würden.

Aus dieser wirklichen und tiefen Erkenntnis, aus dem Glauben an uns selbst und aus dem unzerstörbaren Willen zur Selbstbehauptung heraus haben wir den Mut gefunden, unser Haupt zum Himmel zu erheben und uns gegen alle Warnungen, gegen alle guten Ratschläge der »Realpolitiker«, der »Realisten«, der Skeptiker und Defaitisten, von denen wir gewiß auch umgeben waren, zu behaupten. Es ist die geistige Lebenskraft unseres Volkes gewesen, die uns in diesen Jahren die Möglichkeit gab, über uns selbst uns zu erheben und Freiheit und Frieden für uns zu behaupten.

Ein Nestor der deutschen politischen Wissenschaft hat das einmal bei einem Besuch in Berlin so formuliert, daß er sagte: »Sie haben das Unmögliche möglich gemacht.« – Wenn wir heute bei der Übergabe eines Friedenpreises an einen angesehenen deutschen Gelehrten uns zum Frieden bekennen, denken wir daran, daß dieser Mann ein so schönes und beredt zu uns sprechendes Buch wie das Buch »Der Tod des Sokrates« geschrieben hat. Die Vergänglichkeit, die Relativität aller irdischen Güter gegenüber den wahren Werten, ohne die es kein Leben gibt, ist uns so sehr bewußt geworden, daß auch der Wiederbeginn eines neuen

Lebens, die Rückkehr zu scheinbar normalen Bedingungen unserer täglichen materiellen Existenz, die natürliche menschliche Freude an dieser Rückkehr, der verständliche Wille, wieder aufzubauen, wiederherzustellen und auch im Äußeren wieder ein menschenwürdiges Leben zu führen, diese in tiefer Not gewonnene Erfahrung niemals wird überdecken können. Je näher man räumlich der tödlichen Bedrohung unserer geistigen und moralischen Existenz gegenübersteht, um so stärker, um so lebendiger, um so gegenwärtiger wird dieses Bewußtsein bleiben. Es mag sein, daß mit der räumlichen Entfernung die Intensität der Erinnerung an diese einmal gewonnene lebendige Erkenntnis abnimmt. Im Grunde aber überschattet sie das Leben aller denkenden Menschen bei allen Völkern. Überall wissen wir, daß, soviel wir uns auch täglich mühen, arbeiten und schaffen mögen, all unser Mühen umsonst sein wird, wenn es nicht gelingt, die uns gegenwärtig immer stärker bedrohende Gefahr zu überwinden. Wir haben den Frieden noch nicht gewonnen – wir müssen ihn erst gewinnen!

Wir sind durch die jüngste Entwicklung unserer nationalen Geschichte heute ein waffenloses Volk. Es hieße die Größenordnung unserer Möglichkeiten verkennen, wenn wir uns nicht stets dessen bewußt sein würden, daß die siegreichen Mächte all das heilen müssen, was aus ihrem Siege an Wunden und für uns an unlösbaren Problemen übriggeblieben ist. Aber wir müssen zu der, wie ich schon sagte, besonders in Berlin gewonnenen Einsicht immer wieder zurückkehren, die uns lehrt, daß wir auch als Volk ohne Waffen nicht nur Objekt dieser Mächte sind, und daß wir uns

nicht damit begnügen können, andere zu schelten und selbst die Hände in den Schoß zu legen.
Den Frieden gewinnen setzt gewiß voraus, daß uns die Hilfe der Welt zuteil wird, und daß die Welt den Frieden herstellt, der verlorengegangen ist. Aber ohne uns, ohne unsere tätige Mitwirkung, ohne unseren aus politischen, geistigen und aus moralischen Kräften Nahrung ziehenden Willen wird es auch der Welt nicht gelingen, den Frieden herzustellen, denn in diesem kommenden Frieden müßten wir selbst mitwirkende Garanten eines solchen Friedens werden.
Es ist betrüblich zu sehen, mit welchem immer wieder zu beobachtenden Mangel an Phantasie die Menschen, leider auch nicht nur in Deutschland, geneigt sind, das, was heute ist, als beständig anzusehen. So, wie es 1945 Menschen gab, die – um Berlin nur als Beispiel zu nennen – in dieser Stadt nur einen toten, für immer erledigten Trümmerhaufen sahen, so gibt es auch heute Menschen, die der Meinung sind, daß der jetzige Zustand der Spaltung Deutschlands, der Zerstörung unserer Einheit, der Zerreißung der Grundlagen unserer Freiheit ein dauernder Zustand sein müsse, daß es keine Möglichkeit gäbe, ihn zu ändern. Diesen Zweiflern, die damit im Grunde genommen die Arbeit für den Frieden aufgeben und sich nur ihrem eigenen materiellen täglichen Wohlergehen widmen, müssen wir zweierlei entgegenhalten: In den sieben Jahren, die seit der Beendigung des Krieges vergangen sind, hat sich die Welt und hat sich auch die geschichtliche Lage unseres Volkes entscheidend geändert. Seitdem zum erstenmal sich an dem Widerstand unseres Volkes in Berlin die Lebenskraft und der Lebenswille der Deut-

schen unter Inkaufnahme größter Enbehrungen und unter furchtloser Hinnahme größter Gefahren durchgesetzt haben, ist die Erkenntnis in der ganzen Welt vertieft worden, daß es ohne dieses Volk, ohne seine Einheit und ohne seine friedliche Existenzmöglichkeit einen Frieden in der Welt niemals geben wird. Und wir müssen den Zweiflern, den »Realisten« und den Menschenverächtern, denen die wirklich bewegenden Kräfte der Welt niemals klar werden, auch entgegenhalten, daß diese Kraft, die wir damals aufgerufen und geformt haben, auch heute noch lebendig ist, daß es unsere Aufgabe ist, sie immer wieder zum Leben zu erwecken und sie in dem großen Ringen der Welt um ihre Neugestaltung einzusetzen. Wir können, wir dürfen nicht dabei bleiben, da wir uns hier an dieser für uns so bedeutsamen Stätte, daß wir uns in Süd-, in West- und Norddeutschland westlich der Elbe zusammenfinden und diesen Teil Deutschlands aufbauen, wir müssen die ganze, große und bei einer rechten Führung zu viel größeren Leistungen fähige geistige Kraft unseres Volkes zusammenfassen, um sie über die Elbe hinauszutragen. Das, was wir teils aus eigener Kraft, aber zu einem großen Teil auch mit der Unterstützung der Welt hier geschaffen haben, muß zur Auswirkung in den Osten gebracht werden. Diese Energien müssen in Berlin lebendig in Erscheinung treten, nicht in der sicher wertvollen, aber im Grunde doch falsch gesehenen Form der Hilfe, sondern in der ganz anderen Form des festen Willens, für das Recht unseres Volkes einzutreten, unsere Forderung auf Wiederherstellung unserer Einheit durch tägliche Gegenwart zu manifestieren, unseren Brüdern und

Schwestern, die von uns nicht durch unseren Willen, sondern durch fremde Willkürakte äußerlich getrennt werden, zu zeigen, daß wir bei ihnen und mit ihnen sind, daß wir dieses als die große Aufgabe unserer gegenwärtigen nationalen Politik anerkennen und daß wir in das Vakuum der geistigen und moralischen Leere die Kräfte des Guten, die Kräfte des Aufbaues, die Kräfte der in die Zukunft weisenden gestaltenden Idee der Freiheit einströmen lassen wollen. Es ist diese meine Forderung gewiß eine Forderung auf der politischen Ebene und auch eine Forderung an die für die politische Führung unseres Volkes Verantwortlichen. Es ist aber vielmehr noch eine Forderung an die geistig schaffenden Kräfte, die heute hier in diesem Raum versammelt sind. Nicht die selbstgenügsame Zufriedenheit mit geistigen, wissenschaftlichen und künstlerischen Leistungen wird den Acheron in Bewegung bringen. Auch die Politik eines Volkes muß auf die Dauer beeinflußt, gesteuert und gelenkt werden durch die geistigen Kräfte, die über tägliche Not, über vorübergehende Interessenkämpfe und Auseinandersetzungen hinaus sich zu dem großen Ziel bekennen, das hier mit der Formulierung umrissen wird, den Frieden für Deutschland, den Frieden für die Welt dadurch zu schaffen, daß die Einheit Deutschlands wiederhergestellt wird und daß die Unabänderlichkeit des Willens unseres Volkes, zu seiner Einheit zu kommen und diesen Willen jeden Tag zu manifestieren, von der Welt zur Kenntnis genommen werden muß als eine moralisch berechtigte Forderung an sie, die so lange gestellt werden wird, bis ihr Genüge getan ist.

Wer unbefangen und aufrichtig die gegenwärtige Lage

unseres Landes und unseres geistigen Lebens und auch die gesamte Haltung aller in Frage kommenden Kräfte prüft, wird ehrlich zugeben müssen, daß es uns immer noch an dem Elan fehlt, der notwendig wäre, um dieses Ziel zu erreichen. Auch in der Welt draußen ist die Phantasielosigkeit, die den gegenwärtigen provisorischen Zustand unausgesprochen als einen dauernden hinnimmt, manchmal noch so groß wie bei uns selbst. Die Welt bewundert und respektiert das, worauf wir Deutsche gelegentlich mit Stolz verweisen: unsere sogenannte Tüchtigkeit. Aber die Welt fragt sich, was wird aus dieser Tüchtigkeit entstehen, welche Ziele, geheimen, heute vielleicht nicht ausgesprochenen Ziele verfolgt dieses Volk, wenn es so wenig diese natürliche Zielsetzung in den Mittelpunkt seiner Erwägung zu stellen scheint. Die Welt neigt dazu, an die Vergangenheit zu denken und die Vorgänge und die Entwicklungstendenzen der Vergangenheit schematisch auf eine deutsche Zukunft zu projizieren, die nicht heute und morgen, aber übermorgen Wirklichkeit werden könnte. Der innere Heilungsprozeß eines großen Volkes, die Überwindung des Erbes seiner Vergangenheit, die Überwindung seiner mannigfachen Minderwertigkeitskomplexe kann nur erfolgen, wenn ein solches Volk sich seiner großen Aufgabe ganz zuwendet und wenn es ihm gelingt, diese Aufgabe mit der Hilfe der freien Welt zu lösen. Die Spaltung Deutschlands ist die tödlichste Gefahr, der nicht nur wir, sondern auch alle anderen ausgesetzt sind. Sie ist der stärkste Trumpf jener finsteren Mächte, die immer noch nicht die Hoffnung aufgegeben haben, uns und mit uns ganz Europa ihrer Tyrannei zu unterwerfen.

In den Härten des Berliner Kampfes haben wir uns immer von jeder nationalistischen Entgleisung ferngehalten. Wir möchten niemals in den Fehler verfallen, der in der Vergangenheit der freien Welt so viel Schaden angerichtet hat, ein Volk mit seinem Regime zu verwechseln. Die Freiheit, für die wir kämpfen, ist die Freiheit aller Völker, nicht nur die unseres eigenen. Aus dieser Freiheit heraus muß auch die friedliche Verständigung entstehen, die aus gegenseitiger Achtung und aus gegenseitigem Respekt erwachsen wird. Gewiß sind all diese Dinge eingebettet in das Hin und Her der politischen Kämpfe und Auseinandersetzungen; aber in der großen Linie dieser politischen Auseinandersetzungen sind es allein einfache, klare und unabänderliche Grundgedanken, mit denen die heilende Lösung gefunden werden kann.
Sie, verehrter Herr Professor Guardini, sind ein Mann, der durch sein Lebenswerk und durch seine Arbeit gezeigt hat, daß dieses tägliche Ringen um den Frieden in der Welt vom einzelnen beginnend über das Volk bis zur Menschheit die Grundaufgabe im Leben eines jeden einzelnen von uns ist.
Indem ich die Ehre habe, Ihnen den Friedenspreis des deutschen Buchhandels zu überreichen, möchte ich der Hoffnung Ausdruck geben, daß aus der gemeinsamen Arbeit aller geistig Schaffenden und für die Freiheit wirkenden Deutschen der Friede für unser Land und der Friede für die Welt kommen möge in der festen Überzeugung, daß diese unsere gemeinsame Arbeit ihre höchste Anerkennung dadurch erhält, daß wir sie als Arbeit für den Frieden anerkennen.

Urkunde

Im Namen der deutschen Verleger und Buchhändler verleihen wir Herrn Professor Romano Guardini den Friedenspreis des Deutschen Buchhandels.

Dem Menschen und Schriftsteller Romano Guardini bezeugen wir damit unseren Dank und unsere Achtung dafür, daß er in einem reichen Leben ein Werk geschaffen hat, das der Wahrheitsforschung und der Formung des Menschen diente. Damit hat er die friedliche Gesinnung einer echten humanitas über alle Spaltung der Nationen, Konfessionen und Klassen hinaus gefördert. Unbeirrt klingt seine Stimme durch die geschichtlichen Wirren unserer Zeit denen, die hören wollen. Sein Werk hat stets dem Frieden, der Verständigung unter den Menschen und ihrer Versöhnung gedient.

Auch mit dieser Verleihung des Friedenspreises bekundet der deutsche Buchhandel seinen festen Willen, mit allen Kräften an der Erhaltung des Friedens und der Freiheit aller Völker der Welt mitzuarbeiten.

Frankfurt, a. M., in der Paulskirche
am 24. September 1952

Börsenverein
Deutscher Verleger- und Buchhändler-Verbände

Dr. Josef Knecht
Vorsitzender

Natur und Schöpfung

Natur, Subjekt und Kultur

Wie empfindet der Mensch das Sein der Welt, in der er lebt? In welcher Weise ist sie da? Mit welchen Begriffen wird diese Weise ihres Daseins ausgedrückt?

Schon im ausgehenden Mittelalter, vor allem aber in der Renaissance taucht ein Wort auf, das dann immer größere Bedeutung gewinnt: die Natur. Es bezeichnet die Gesamtheit der Dinge; alles, was es gibt. Genauer gesagt: alles, was es gibt, bevor der Mensch etwas daran tut. Also die Gestirne, die Erde, die Landschaft mit Pflanzen und Tieren, aber auch den Menschen selbst, sofern er sich als organisch-seelische Wirklichkeit gegeben ist. Dieses Ganze wird als etwas Tiefes, Mächtiges und Herrliches, als zur Verfügung stehende Erlebnisfülle erfahren; zugleich als Aufgabe für Erkenntnis, Besitzergreifung und Gestaltung. Die Erregtheit des Wortgebrauchs zeigt an, welch tiefe Umlagerungen des Lebensgefühls und des Weltverhältnisses sich in ihm ausdrücken.

Der Begriff der Natur ist ein Gegenstandsbegriff, der das meint, was sich dem Denken und Tun darbietet; er ist aber auch ein Wertbegriff und meint eine für dieses Denken und Tun gültige Norm: das Richtige und Gesunde, Weise und Vollkommene, eben »das Natürliche«. Dem steht das Unnatürliche gegenüber: das Künstliche, Abseitige, Ungesunde, Verdorbene. Aus diesem Wertmaßstab ergeben sich Bilder des naturgemäßen Daseins: des richtigen Menschen, der natürlichen Gesellschaft und Staatsform, der fruchtbaren Erziehung, der edlen Kunst und so fort – Bilder, wie sie etwa mit dem Begriff des *honnête homme* des 16. und 17. Jahrhunderts, des »natürlichen« Menschen Rousseaus, des vernünftigen Lebens der Aufklärung und des Natürlich-Schönen in Aufklärung und Klassik gemeint sind.

Der Begriff der »Natur« drückt etwas Letztes aus. Hinter sie kann nicht mehr zurückgegriffen werden. Sobald etwas aus ihr abgeleitet worden ist, ist es endgültig verstanden. Sobald etwas als natürlich begründet werden kann, ist es gerechtfertigt. Sobald sich das Bewußtsein der Naturgemäßheit einstellt, verschwindet die Frage. Damit ist nicht gemeint, die Natur selbst könne im Letzten und Ganzen verstanden werden. Im Gegenteil; sie wird als etwas derart Tiefes und Reiches empfunden, daß das Denken mit ihr an kein Ende kommt. Sie ist schöpferisch; so kann sie in kein System eingefangen werden. Sie ist geheimnisvoll und »läßt sich des Schleiers nicht berauben«. Und geheimnisvoll nicht nur in dem Sinne, daß ihre Probleme allzu verstrickt wären, sondern grundsätzlich: sie trägt den Geheimnischarakter des Anfangs und Endes, des Urgrundes, des Wesenhaft-Undurchdringbaren. Eben damit stellt sie aber auch das Letzte dar, das befragt werden kann. Soweit sie Antwort gibt, ist diese Antwort endgültig, weil sie »natürlich«, das heißt unmittelbar einsichtig ist und weil sie, als von der Natur kommend, eine Antwort aus den Urgründen bedeutet.

In das Erlebnis der Natur mündet ein anderes: das der Antike. Für das Gefühl der Renaissance, das von da ab die ganze Neuzeit durchwirkt, ist die Antike keine historische Epoche unter anderen und daher wie alle anderen bedingt, sondern sie trägt Normcharakter. Sie stellt den Ausdruck des Menschen dar, wie er sein soll. Menschenwesen und Daseinsgefühl, Sprache und Kunst, Staats- und Gesellschaftsform der alten griechischen und römischen Welt werden als gültige Deutung des wahrhaft natürlichen Daseins empfunden. Der Begriff des Klassischen meint im letzten das gleiche wie der des Natürlichen, nur als geschichtliche Kulturgestalt. Die klassische Kultur ist die »natürliche« Kultur, und das Naturerlebnis wird durch ein Kulturerlebnis von höchstem Range gerechtfertigt.

Von hier aus stellt sich auch das religiöse Problem in neuer Weise. Sehr früh schon zeigen sich zwei Möglichkeiten der Antwort. Die erste findet in der Natur selbst numinose Tiefe. Es entsteht die Vorstellung der geheimnisvollen, allschaffenden, heiligen, der Gott-Natur; so bei Giordano Bruno, Spinoza, Goethe, Hölderlin, Schelling. Die Natur wird selbst als die religiöse Urtatsache und das Verhältnis zu ihr als die Wurzel der Frömmigkeit empfunden. Das Natürliche ist zugleich das Heilige und Fromme; das Unnatürliche oder Widernatürliche der Frevel schlechthin* ... Oder aber das religiöse Gefühl erfährt eine Art Umkehrung und wird zu der verborgen-frommen Unduldsamkeit, welche das Unmittelbar-Gegebene der Dinge als das einzig Wesenhafte, Tatsachensinn und Wirklichkeitstreue als das einzig Richtige ansieht; so vor allem in dem die ganze Neuzeit durchziehenden Positivismus.

* Dazu Guardini, »Hölderlin, Weltbild und Frömmigkeit« (1939), S. 355ff.

Sofern der Mensch eine leib-seelische Wirklichkeit ist, gehört er selbst zu dieser Natur; sofern er sie aber betrachtet, durchforscht, in Besitz nimmt, gestaltet, steht er ihr gegenüber. Daß es sich um ein wirkliches Gegenüberstehen handelt, wird schon am Warnungsbegriff des Unnatürlichen deutlich. Unnatürliches kann nur sein, weil der Mensch nicht im unmittelbaren Naturzusammenhang eingeordnet bleibt. Er löst sich aus diesem heraus, bringt ihn eben damit in eine Krise und hat dann die Aufgabe, ihn erkennend, handelnd und schaffend neu aufzubauen. Aus der Erfahrung dieses Gegenübers bildet sich eine zweite Grundform der Daseinsdeutung: die des Subjekts.
Der Begriff findet sich im Mittelalter ebensowenig wie jener der Natur. Wohl weiß man von der Natur als Wirklichkeit wie auch als Norm. Auch der mittelalterliche Mensch sieht die Dinge, die Ordnung ihres Aufbaus, die Regelmäßigkeit ihres Verhaltens und kommt so zur Vorstellung einer letzten Einheit. Außerdem hat das mittelalterliche Denken den griechischen, besonders den aristotelischen Begriff der Natur aufgenommen und nach allen Richtungen hin verarbeitet. Dieser hat aber nicht den oben beschriebenen Charakter; er wird vielmehr zu einem Mittel, um die Erschaffung der Dinge durch Gott zu deuten. Ebenso weiß auch das mittelalterliche Denken vom Subjekt als der Einheit des individuellen Daseins, dem Träger der geistigen Akte und Zurechnungspunkt der Verantwortlichkeit. Doch hat dieser Begriff etwas Selbstloses; eine ruhige Objektivität, die sich schon in der Weise äußert, wie der einzelne hinter den Zusammenhängen des Daseins zurücktritt. Dieser Charakter ändert sich im ausgehen-

den Mittelalter und vor allem in der Renaissance. Ein Subjekterlebnis macht sich geltend, das die ganze Folgezeit bestimmt. Der Mensch empfindet sich in einer neuen Weise als etwas Wichtiges und Interessantes. Vor allem der ungewöhnliche, geniale Mensch gewinnt eine vom Mittelalter nie empfundene Bedeutung. Daß die Renaissance überreich an originellen und groß gebauten Persönlichkeiten ist, reicht noch nicht hin, um den Eindruck zu begründen, den ihre Menschlichkeit macht. Auch das Mittelalter war von ungewöhnlichen Menschen, Kämpfern, Herrschern, Werkschöpfern und religiösen Naturen getragen; aber erst nach jener Wende erfährt der große Mensch jene Betonung, die ihm einen so besonderen Charakter gibt. Jetzt erst wird er sich selbst und dem anderen und der ganzen Zeit wichtig. Das Persönliche wird zu einem neuen Wertmaßstab und bestimmt, an der großen Persönlichkeit besonders klar angeschaut, den ganzen Bereich des Lebens.

Es entsteht ein neues Gefühl für das Menschliche: ein Interesse für seine Mannigfaltigkeit; ein Urteil für seine Echtheit und Ursprünglichkeit. Wie die Natur als das Erste erschien, hinter das nicht mehr zurückgegriffen werden kann, so auch die Persönlichkeit. Die große Persönlichkeit vor allem trägt das Gesetz ihres Daseins in sich. Sie will aus sich selbst heraus verstanden sein und rechtfertigt ihr Tun mit ihrer eigenen schöpferischen Kraft. Was echt aus ihr hervorgeht, gilt. An ungewöhnlichen Menschen entdeckt, wird der gleiche Maßstab auf den Menschen überhaupt angewendet. Er wird zu einem ebenso gültigen Anfang wie die Natur. Rechtes Dasein besteht darin, daß der Mensch aus dem Urgrund

seiner Persönlichkeit heraus lebt und handelt. Gegenüber dem Ethos des Objektiv-Guten und der Wahrheit entsteht das der Echtheit und Wahrhaftigkeit.
Was bisher von der Ursprünglichkeit des Lebendigen her bestimmt wurde, erhält seinen formalen Ausdruck im Begriff des »Subjekts«. Dieses ist der Träger der gültigkeitshaltigen Akte und die Einheit der diese Gültigkeit bestimmenden Kategorien. Seine klarste Bestimmung findet es in der Philosophie Kants. Unter dem logischen, ethischen, ästhetischen Subjekt meint sie ein Letztes, das die geistige Welt trägt. Hinter es kann nicht mehr zurückgegriffen werden, weil ja jeder Versuch eines Rückgriffs selbst nur mit den Kategorien ebendieser Subjektivität vollzogen werden könnte. Das »Subjekt« bildet den logischen Ausdruck der »Persönlichkeit«. Beide stellen verschiedene Formen der Mensch-Natur dar, welche der Ding-Natur gegenübersteht. Mit einer Leidenschaft, die ebenfalls auf eine Umlagerung im Daseinsgefühl hinweist, wird für das logische, ethische, ästhetische Subjekt der Charakter der Autonomie in Anspruch genommen. »Autonomie« bedeutet das In-sich-selbst-Stehen, die Anfangshaftigkeit und Urgültigkeit des Subjekts; den gleichen Anspruch also, welchen, ins Lebendig-Schöpferische gewendet, der Begriff der Persönlichkeit und, im Bereich des Dinglich-Gegenständlichen, jener der Natur ausdrückt.
Sobald etwas aus der Persönlichkeit oder dem Subjekt abgeleitet werden kann, ist es endgültig verstanden. Wer »die Neuzeit« irgendwie überwunden hat und sich etwa in die Schriften Kants versenkt, macht eine eigentümliche Erfahrung. Er wundert sich, wieso da-

durch, daß das ganze sinngebende System in die – wenn auch »transzendentale« – Subjektivität verwurzelt wird, die Möglichkeit des Erkennens, des sittlichen Urteilens usw. gewährleistet sein solle. Im Gefühl, das sei der Fall, lag aber gerade das »Neue«, das er, nachdem er geistig die Wasserscheide überschritten, nun nicht mehr mitvollziehen kann. Dem neuzeitlichen Denkgefühl schien ein Erkenntnisakt oder ein sittliches Urteil wirklich dadurch gültig, daß sie von der Autonomie des Subjekts getragen waren – eine Entsprechung zu dem, was oben über die Erkenntnis aus der Natur und den Wertmaßstab der Natürlichkeit gesagt worden ist. Damit war nicht behauptet, das Subjekt selbst sei restlos begreifbar; legt doch z. B. der gleiche Kant ins Erlebnis des inneren Sittengesetzes die ganze Tiefe des Geheimnisses, welches Geheimnis er bezeichnenderweise mit dem numinosen Eindruck des gestirnten Himmels, das heißt aber der Natur verbindet. Persönlichkeit und Subjekt sind grundsätzlich ebensowenig verstehbar wie die Natur; was aber von ihnen her verstanden wird, ist gültig verstanden. Ein Rückgriff auf Metaphysisches kann von ihnen her ebensowenig geschehen wie von der Natur her. Auch die Persönlichkeit setzt sich ins Religiöse fort. Das Genie wird als numinos empfunden. Der Dichter, der Künstler, der Mann der Tat erscheinen als etwas Geheimnisvolles, und man ist geneigt, sie mit der Vorstellung der Götter in Verbindung zu bringen. Der neue Begriff des Ruhmes drückt die übermenschliche Strahlung aus, die von den großen Persönlichkeiten in der Geschichte weiterglänzt. Die Subjektivität wird über den Begriff des »Subjekts überhaupt« mit dem Weltgeist in Verbindung gesetzt und wird zu dessen unmittelbarem Ausdruck. Von hier aus bekommt das Denken selbst einen religiösen Charakter; dieser fließt in die Vorstellung der »Wissenschaft« ein und gibt ihr eine bis dahin nicht gekannte Bedeutung.

Natur und Subjekt – mit welchem Wort die Persönlichkeit mitgemeint sein soll – stehen einander als letzte Tatsachen gegenüber. Das Dasein ist als Natur und als Subjekt gegeben. Hinter sie geht es nicht mehr zurück. Zwischen ihnen entsteht die Welt der Menschentat und des Menschenwerkes. Sie ruht auf jenen beiden Polen, findet in ihnen ihre Vorbedingungen und wird durch sie charakterisiert – hat aber andererseits ihnen gegenüber eine eigentümliche Selbständigkeit. Sie wird durch einen dritten, ebenfalls der Neuzeit eigenen Begriff bestimmt, den der »Kultur«.

Das Mittelalter hatte Kultur höchsten Ranges. Es strebte nach Erkenntnis und baute in seinen Summen eine hohe Welt der Einsicht auf. Es schuf mächtige Werke, vollbrachte kühne Taten und gestaltete Ordnungen des menschlichen Zusammenlebens von letzter Gültigkeit. Das alles geschah aber in einer Haltung, die, wenn sie bewußt geworden wäre, sich selbst als Dienst an der Vollendung von Gottes Weltenwerk bestimmt hätte. Der Mensch war bemüht, das Werk zu vollbringen, nicht über dieses Werk selbst nachzudenken – deshalb, weil ihn das zu Schaffende interessierte, nicht er selbst als Schaffender. Auch hier wird mit der Neuzeit etwas anders. Das Menschenwerk bekommt eine neue Bedeutung, und eine neue Bedeutung der Mensch als Werkender. Das Menschenwerk zieht den

Sinn an sich, der vorher im Gotteswerk der Welt gelegen hatte. Die Welt verliert den Schöpfungscharakter und wird »Natur«; das Menschenwerk verliert die Haltung des vom Gottesgehorsam bestimmten Dienstes und wird »Schöpfung«; der Mensch selbst, der vorher Anbetender und Dienender war, wird »Schaffender«. Das alles drückt sich in dem Worte »Kultur« aus. Auch in ihm liegt ein Autonomieanspruch. Der Mensch greift nach dem Dasein, um es aus eigenem Willen zu gestalten. Indem er die Welt als Natur sieht, nimmt er sie Gott aus der Hand und stellt sie in sich selbst. Indem er sich als Persönlichkeit und Subjekt versteht, löst er sich aus der Macht Gottes und macht sich zum Herrn des eigenen Daseins. Im Willen zur Kultur schickt er sich an, die Welt nicht im Gehorsam gegen Gott, sondern als eigenes Werk aufzubauen. Tatsächlich fällt denn auch das Werden des Kulturbegriffs mit der Grundlegung der neuzeitlichen Wissenschaft zusammen, aus der ihrerseits die Technik hervorgeht. Diese aber bildet den Inbegriff aller jener Hilfsmittel und Verfahrensweisen, durch welche der Mensch sich aus den Schranken der organischen Zusammenhänge befreit; fähig wird, seine Zwecke nach Belieben zu setzen und das Gegebene neu zu gestalten. Was in diesem Willen liegt, offenbart sich in der Lehre von der Autonomie der Kultur, die fortschreitend Wissenschaft, Politik, Wirtschaft, Kunst, Pädagogik usw. aus den Bindungen des Glaubens, aber auch jeder allgemein verpflichtenden Ethik löst und in sich selbst stellt. Auch diese Kultur gewinnt religiösen Charakter. In ihr offenbart sich das schöpferische Geheimnis des Daseins, ob das nun als Urgrund der Natur oder als Macht der Persönlichkeit, oder als Weltgeist begriffen wird. Auch sie erscheint als Letztes, das dem Menschen den Sinn des Daseins verbürgt: »Wer Kunst und Wissenschaft hat, der hat schon Religion.«

Eine Frage der psychologischen Struktur oder der geistesgeschichtlichen Situation ist es dann, wie die Urgegebenheiten der Natur, des Subjekts und zwischen ihnen der Kultur – das Dasein als Gegenstand, als Selbst und als Aufgabe – miteinander in Beziehung gesetzt werden. Der Schwerpunkt kann in die Natur gelegt und das Subjekt als deren Organ empfunden werden; so in der Naturphilosophie der Renaissance und Romantik. Dann erscheint auch die Kultur als Ausfluß der Natur; als deren über sich hinausgehender und durch das Zwischenglied des reflektierenden Subjekts vermittelter Selbstaufbau. Oder der Schwerpunkt rückt in das Selbst, und die Natur erscheint als chaotische Masse der Möglichkeiten, aus denen das Subjekt, selbstherrlich gestaltend, die Welt der Kultur hervorbringt, wie das in der Philosophie Kants durchgeführt wird. Endlich können Natur und Subjekt als gleich wichtige Stützpunkte des Verhältnisses angesehen werden, zwischen denen sich das über-naturhafte und über-persönliche Geschehen der Kulturwerdung vollzieht, so bei Hegel.
Auch das Religiöse findet eine verschiedene Deutung. Das Göttliche wird in die Natur hineingezogen und mit deren schöpferischer Tiefe gleichgestellt; oder es wird ins Innere der Persönlichkeit, ins Gemüt, in die Genialität hineingenommen und erscheint als deren geheimnishafte Quelle; oder man sieht in ihm das schaffende

Geistprinzip des Daseins überhaupt, das sich im Prozeß der Kulturschöpfung entfaltet... Das Verhältnis kann aber auch auf Abstand aufgebaut werden, wie es Deismus und Rationalismus tun. Dann wird »Gott« in eine solche Entfernung der Welt gerückt, daß er Natur und Subjekt in ihrer Selbstherrlichkeit und das Werk der Kulturschöpfung in seiner Eigenentfaltung nicht beeinträchtigen kann... Eine letzte Möglichkeit endlich geht dahin, das Religiöse als für die Freiheit und Sauberkeit der Welt gefährlich zu empfinden und ganz auszuscheiden. So versuchen es der Positivismus und Materialismus in ihren verschiedenen Formen.

Auf die eingangs gestellte Frage, in welcher Weise das Daseiende da sei, antwortet das neuzeitliche Bewußtsein: als Natur, als Subjekt und als Kultur. Das Gefüge dieser Momente bedeutet ein Letztes, hinter das nicht zurückgegriffen werden kann. Es ist autonom, bedarf keiner Begründung und duldet keine Norm über sich. Diese Antwort kommt aus der Zeit als Ganzem und hängt daher nicht vom einzelnen ab. Sie drückt eine Gesamthaltung aus, in welche der einzelne hineingeboren wird und mit der er sich auseinanderzusetzen hat. Irgendwie, als vorgegebene Empfindungsform und aufgenommenes Gemeingut, wirkt sie im Bewußtsein jedes einzelnen, selbst dann, wenn er ihr widerspricht.

Auch die Art, wie die religiöse Wirklichkeit, Gott und sein Reich, erfahren, aufgenommen und zum Inhalt des Handelns gemacht wird, steht unter ihrem Einfluß. Dieser Einfluß kann jedes positive Verhältnis zur Offenbarung zerstören; macht sich aber auch da geltend, wo der Glaube aufrechterhalten wird. Er wirkt in das Denken und Empfinden des Glaubenswilligen hinein und erzeugt die spezifisch neuzeitlichen religiösen Schwierigkeiten, die in der Frage zusammengefaßt sind: Können Kirche, Menschwerdung, Offenbarung und schließlich der von alledem vorausgesetzte persönlich-heilige Gott sein, wenn die Welt das ist, als was sie hier verstanden wird?

Das Geschaffensein der Welt

Zu diesem Sach- und Sinnverhalt richtig Stellung zu nehmen, ist nicht leicht, da er nicht nur sehr verwickelt ist, sondern von verschiedenen, einander einschränkenden und aufhebenden Gesichtspunkten bestimmt wird.

Zunächst wäre zu fragen, was denn an den dargelegten Vorstellungen der Natur, des Subjekts und der Kultur richtig sei? Die Unmittelbarkeit, mit welcher das Mittelalter die absolute Wirklichkeit Gottes und das verheißene ewige Leben als das Eigentliche sah, drohte – grundsätzlich und unbeschadet kräftigster Lebens- und Schaffensfülle – das Endliche und Zeitliche zu entwerten. Das Endliche erschien nur als der uneigentliche Abglanz des Absoluten und die Zeit als die an sich wesenlose Vorstufe der Ewigkeit. Der Symbolcharakter der Schöpfung wurde so stark empfunden, daß sie selbst nicht wirklich genug genommen wurde. Vom Ausgang des Mittelalters ab wurde dann die Macht des

Religiösen immer schwächer. Der Drang in die Transzendenz, der vorher sich an jedem Punkt des Daseins geltend gemacht hatte, ließ nach. Die religiöse Atmosphäre, die vorher alles umgeben hatte, die unmittelbar empfundene religiöse Strömung, die durch alles hindurchgegangen war, verflüchtigten sich. Die Welt wurde, um das geprägte Wort zu brauchen, entzaubert. Die endliche Wirklichkeit trat in einer neuen Weise hervor: ihre Härte und ihre Dringlichkeit, ihre Sinnfülle und ihre Kostbarkeit. Das Endliche als solches drang ins Bewußtsein, und mit ihm der Ernst des Geschaffenen. Denn dieser Ernst kann sich in verschiedener Weise auflösen: indem die Tatsache des Geschaffenseins verschleiert und die Welt irgendwie ins Absolute gerückt, aber auch, indem das Religiös-Absolute so unmittelbar als das Eigentliche gesehen wird, daß das Endliche seine Wirklichkeits- und Sinndichte verliert. Ebendiese Seins- und Sinndichte tritt nun ins Gefühl, stellt ihre Fragen und zeigt ihre Aufgaben.
Das alles drückt sich in den Begriffen aus, von denen die Rede war, und insofern sind sie gut. Wahrheit bleibt immer Wahrheit, gleichgültig, womit sie bezahlt wird. Es war aber wirklich Wahrheit, was das neuzeitliche Bewußtsein dem Mittelalter gegenüber erkannte: die echte, sinnerfüllte und werkfordernde Wirklichkeit des endlichen Seins. Bei aller Bewunderung der Größe, Einheit und Innigkeit des mittelalterlichen Weltbildes darf nicht vergessen werden, daß es überall den religiösen Kurzschluß enthielt. Das Absolute wurde so stark empfunden, daß das Endliche in seiner Eigenbedeutung nicht entsprechend zur Geltung gelangte. Die Fragen nach dem Wesen der Welt kamen nur zum Teil

richtig heraus; die Antworten wurden nur zum Teil wirklich gegeben. Die kühne und fromme Gestalt des mittelalterlichen Daseins hatte nur erstehen und bestehen können, indem der Blick für die Realität der Dinge vielfach abgeblendet, das Herz vor den Möglichkeiten der Welt geschützt und die Entscheidungen in den Bereich des sittlich-religiösen Lebens selbst verlegt wurden. Der mittelalterliche Mensch betete Gott an und gehorchte der Autorität, welche der Herr der Welt in diese hineingestellt hatte. Damit genügte er der letzten Wahrheit, übersah aber oft die vorletzte; doch auch die ist Wahrheit und darf nicht durch die Wucht jener anderen erdrückt werden. So waren seine Antworten auf die Fragen nach dem Wesen der Welt vielfach noch vorkritischer Art und brachten diese in eine mythische, legendäre, künstlerische Stilisierung. Da sich aber die Welt in seinem Blick noch nicht als das darstellen konnte, was sie ist, gelangte auch sein Glaube selbst noch nicht zur eigentlichen Bewährung.

In den Begriffen der Natur, des Subjekts und der Kultur drückt sich jene Verpflichtung aus, welche die Neuzeit entdeckt und auf sich genommen hat: zur Redlichkeit und Sachgerechtigkeit. Sie entschloß sich, die Welt als Wirklichkeit zu nehmen und sie nicht durch den unmittelbaren Übergang ins Absolute zu verdünnen. Sie wurde inne, daß diese Welt dem Menschen in einer zugleich großen und erschreckenden Weise in die Hand gegeben ist, und machte sich bereit, den Sinn dieser Verantwortung nicht durch den Rückgriff auf das Religiöse abzuschwächen, sondern sie selbst als religiöse Aufgabe zu verstehen. Die neuzeitliche Wissenschaft mit ihrer Unerbittlichkeit; die Technik mit ihrer Genauigkeit und Kühnheit; der spezifisch neuzeitliche Geist der Welteroberung, Planung und Gestaltung sind echte Fortschritte. Nicht in dem oberflächlichen Sinn, daß die durch sie charakterisierte Geschichtsepoche ohne weiteres besser wäre als die vorausgehende. Hier von »besser« oder »schlechter« zu reden, ist ein zweifelhaftes Ding – ganz abgesehen davon, daß jeder Gewinn an einer Stelle mit Verlust an einer anderen bezahlt wird und wir heute, da die Neuzeit zu Ende geht, immer schärfer sehen, wieviel der Übergang zu ihr gekostet hat. Was eine Epoche der Geschichte gegenüber der anderen rechtfertigt, ist nicht, daß sie besser, sondern daß sie an der Zeit ist. Insofern ist sie auch gut und ein Fortschritt. Die in Rede stehenden Begriffe drücken dieses an der Zeit gewesene Neue aus. Vielleicht muß man sogar sagen, auch noch das Falsche an ihnen hänge irgendwie mit der neuzeitlichen Lebens- und Werkleistung zusammen. Wenn ein solches Werk der Erkenntnis, Beherrschung und Gestaltung vollbracht werden sollte, wie es tatsächlich vollbracht worden ist, mußte vielleicht wirklich in irgendeiner Weise eine derart leidenschaftliche Hinwendung zur Welt vollzogen werden.

Trotzdem steht das ganze, soeben entwickelte Begriffsgefüge von Natur, Subjekt und Kultur, wie es uns aus dem neuzeitlichen Bewußtsein entgegentritt, in tiefem Widerspruch zum Christlichen. Und nicht nur, weil die geschilderten neuen Aufgaben mit einer Ausschließlichkeit verfolgt wurden, welche das Ganze des Daseins zerstören mußte, sondern weil das Richtige jener Begriffe von einer Daseinsgesinnung beherrscht war, die sich gegen den Sinn der Offenbarung wandte.

Vor allem gegen jene Aussage, welche die ganze Schrift trägt, daß die Welt erschaffen ist.
Doch muß, damit diese Aussage ihre volle Tragweite habe, zuerst der Begriff des göttlichen Schaffens selbst seinen reinen Sinn bekommen. Das Wort hat nämlich seine Bedeutung gewandelt, enthält aber noch ursprüngliche Sinnreste und Gefühlsschwingungen, die den Wandel verdecken. Wenn das neunzehnte Jahrhundert von »Schöpfung« spricht, klingt die biblische Bedeutung nach; eigentlich gemeint ist aber das Schaffen der Natur, die ihrerseits, als Ganzes, nicht geschaffen ist, vielmehr ewig in sich steht und sich selbst entfaltet; oder das Schaffen der großen Persönlichkeit, die ihre Gestalt und ihr Gesetz in sich trägt und aus eigener Anfangskraft ihr Werk hinausstellt. Zu dieser Sinnwendung führen eine Reihe von Übergängen, die durch eine sorgsame Untersuchung der philosophischen, dichterischen und religiösen Sprache nachgewiesen werden könnten. Selbst wenn der biblisch-gläubige Mensch von der Schöpfung redet, ist noch fraglich, wie er dieses Schaffen denkt. In der Regel wird er es wohl überhaupt nicht genau ins Bewußtsein nehmen, sondern als etwas Geheimnisvolles in einen unendlich fernen Anfang hinausrücken. Sobald er es aber wirklich denken muß – etwa wenn er den Schöpfungsbericht liest oder sich den ersten Artikel des Glaubensbekenntnisses vergegenwärtigt –, wird er sich das göttliche Schaffen wahrscheinlich als das Wirksamwerden einer ungeheuren Ursache vorstellen, die mehr oder weniger nach dem Modell der Naturursache geartet ist; als eine Verlängerung der Naturvorgänge ins Absolute. Sein Gottesbegriff ist vom Naturbegriff her beein-

flußt, und er neigt dazu, Gott als jene Instanz zu denken, die bewirkt, daß die Natur sei, was sie ist – als »absolute Natur« sozusagen. Der Naturbegriff wirkt wie eine Kategorie, die alle Gedanken formt; das Naturgefühl wie eine unbewußte, aber maßgebende Haltung, die auch das Verständnis des Schöpfungsberichtes, der Psalmen, der Worte von Gottes Weltregierung usw. in eine bestimmte Richtung drängt.

Hier muß das gläubige Bewußtsein eine grundlegende Unterscheidung vollziehen: die Welt ist nicht »Natur«, sondern Schöpfung; Schöpfung im reinen Sinn des durch freie Tat hervorgebrachten Werkes. Sie ist nichts »Natürliches«, Selbstverständliches, sich durch sich selbst Rechtfertigendes, sondern bedarf der Begründung; und begründet wird sie von der Instanz her, die sie nach Wesen und Wirklichkeit geschaffen hat. Daß sie aber geschaffen wurde, ruht nicht auf dem Wirksamwerden einer nach dem Schema der Natur-Energie gebauten Ursache, sondern auf einem Akt, der – das Wort in einem weiteren Sinne genommen – den Charakter der »Gnade« hat... Anders ausgedrückt: Die Welt muß nicht sein, sondern ist; deshalb, weil sie geschaffen wurde. Der Akt, durch den sie geschaffen wurde, mußte seinerseits nicht erfolgen, sondern erfolgte, weil er gewollt wurde. Er »hätte auch nicht gewollt werden können«; wurde aber gewollt – weil er gewollt wurde. Das heißt: die Welt ist keine Notwendigkeit, sondern eine Tat-Sache.

Hier liegt das Entscheidende des biblischen Daseinsbewußtseins: die Welt wird durch eine Tat begründet. Diese Tat ist keine Verlängerung der Weltwirksamkeit über den Anfang der Welt hinaus, sondern entspringt aus einer ihrer selbst vollkommen mächtigen Freiheit. Sie tritt nicht so in Wirklichkeit, wie ein physikalischer oder biologischer Effekt eintritt, sobald seine Ursachen gegeben sind, sondern wie die Handlung eines Menschen, nachdem dieser sich in Freiheit entschieden hat.

Man hat gesagt, dieser Vorstellung eines personalen Weltschöpfers liege die semitische Denkweise zugrunde, für welche Gott kein lebendiges Verhältnis zur Welt habe, sondern nur der von außen an sie herantretende Baumeister und Beherrscher sei. Es mag dahingestellt bleiben, wie weit ein der Welt gegenüber unbeteiligtes, nur bauendes und beherrschendes Gottwesen überhaupt gedacht werden kann: jedenfalls hat eine solche Vorstellung nichts mit jener der Genesis zu tun. Eine nur transzendente Gottheit wäre das genaue Widerspiel zu einer bloß immanenten, die nicht über die Welt hinausreichte, sondern nur deren Innerlichkeit darstellte. Beide Vorstellungen würden einander gegenseitig bedingen und jener der Offenbarung gleichmäßig fremd sein. Die Vorstellung des echten Schöpfers geht durch alle in den verschiedenen Religionen sich findenden anderen quer hindurch. Die Schöpfung ist weder »transzendent« noch »immanent«. Sie kann mit diesen Begriffen überhaupt nicht erfaßt werden, sondern ist die Gott allein vorbehaltene Weise des Wirkens – dem Gott vorbehalten, der wirklich Gott und nicht nur »eine Göttlichkeit« ist.

Das Motiv der Schöpfungstat ist – so geht es aus der Gesamtbotschaft der Schrift hervor – Liebe. Diese Liebe darf aber nicht wieder selbst durch die Kategorie der Natürlichkeit bestimmt werden. Das ist einmal mit typischer Konsequenz geschehen, und zwar durch den Neuplatonismus. Er hat gesagt, Gott habe die Welt aus der Überfülle seiner drängenden Liebe geschaffen; diese »Liebe« aber hat er als Natur-Verhalten, als physische Konsequenz, als seelische Expansion, als die Unwiderstehlichkeit eines geistigen Dranges gedacht. Weil das höchste Wesen reich ist, muß es lieben; weil es liebt, muß es schaffen – so wie die Quelle strömen muß, weil sie Quelle ist. Solche »Liebe« hat mit jener, von welcher die Offenbarung spricht, nichts zu tun. Was diese meint, ist die Gesinnung des freien Gottes, der allem von der Welt her bestimmbaren Warum entzogen ist. Sogar jenem Warum entzogen, das der denkende Geist auf Grund eines Schemas der Vollkommenheit aus Gott selbst als dem absoluten Wesen ableiten könnte. Schaffend ist Gott »Herr«; jedem Gesetz nicht nur der endlichen, sondern auch seiner eigenen, absoluten Wirklichkeit gegenüber*.

Dadurch werden die Begriffe der Natur, des Subjekts und der Kultur in dem Sinne, wie sie oben entwickelt wurden, aufgehoben. Nicht ihr sachlicher Gehalt. Das in ihnen, was noch vor der guten oder bösen Deutung durch den Willen des Menschen liegt und die Erkenntnis ausdrückt, welche einer bestimmten geschichtlichen Stufe zugewiesen war, bleibt. Sofern der Begriff der »Natur« die Wirklichkeit des Gegebenen und die Strenge seiner objektiven Bestimmtheiten meint, bleibt

* Es scheint, daß der Begriff des Herrentums Gottes den biblischen Ausdruck für seine Freiheit darstellt. Als »Herrschaft« ist Gottes Freiheit von der des Menschen unterschieden, die ihrem letzten Wesen nach Gehorsam bedeutet. Erst im Gehorsam des Menschen gegen Gott ist seine Herrschaft über die Welt gerechtfertigt und, endgültigerweise, überhaupt möglich.

er zu Recht bestehen; aufgehoben wird nur dessen angebliche »Natürlichkeit«. Sofern die Begriffe der »Persönlichkeit« und des »Subjekts« die Möglichkeiten und Grenzen des Menschen bedeuten, sind sie fortan unentbehrlich; aufgehoben wird nur der Anspruch des Autonomiewillens. Sofern der Begriff der »Kultur« besagt, daß die Welt dem Menschen in einer erschreckenden Weise anvertraut ist, gehört er zum Grundbestande unseres Bewußtseins; aufgehoben wird nur der Trug eines selbstherrlichen Menschenwerkes. Soweit also die genannten Begriffe sagen, der abendländische Mensch habe mit dem Beginn der Neuzeit einen nicht mehr rückgängig zu machenden Schritt auf eine neue, in der psychologischen wie geschichtlichen Situation begründete Weltverantwortung hin getan und müsse ihr genügen, bleiben sie in Geltung; aufgehoben wird nur ein Bild vom Maß, vom Recht und von der Pflicht dieser Verantwortung, das Gott aus seiner Herrschaft drängt.

Die Welt ruht in der freien Tat Gottes. Vielleicht meint der Leser, hier werde etwas betont, was auf jeder Seite der Bibel stehe und von der Schule an gesagt werde. Gewiß, es steht da und wird gesagt, und er weiß es – aber weiß er es als das, was es wirklich bedeutet? In Wahrheit bedarf es einer Bekehrung in den Wurzeln des Selbst- und Weltgefühls, wenn gemerkt werden soll, was die Aussage bedeutet, daß die Welt nicht autonom ist, sondern aus dem Handeln Gottes hervorgeht; daß sie nicht notwendig ist, sondern von einer alle bekannte Freiheit übersteigenden Tat getragen wird. Die Welt hat nicht den Charakter der Natur, sondern einer von Gott vollbrachten Geschichte. Der

Mensch hat nicht den Charakter des Subjekts im oben dargelegten Sinn, sondern ist dadurch er selbst, daß Gott ihn angerufen hat und im Anruf hält. Das Dasein als Ganzes, Dinge, Mensch und Werk kommen aus Gottes Gnade. Die Unterscheidung von Natur und Geschichte, mit denen wir unsere Daseinsdeutung gliedern, läuft erst innerhalb jener allumfassenden und in ihrem ersten Beginn freien Geschichte, die Gott vollbringt. Die Unterscheidung von Natur und Gnade, mit der unser religiöses Denken arbeitet, hat ihre Stelle erst innerhalb einer alles umgreifenden Gnadenentscheidung, aus welcher das ganze Dasein hervorgeht und der es gefallen hat, daß überhaupt Welt sei. Das Menschenschaffen ist nicht selbst-sinnige Kultur, sondern Dienst, getan in Gottes Auftrag, um die Welt dorthin zu führen, wohin sie nur durch die Begegnung mit dem freien Menschen gelangen kann.

Mit dieser Tatsache hängen auch die elementaren Reaktionen zusammen, durch welche unsere Empfindungen auf das Dasein antwortet: der Dank und der Protest. Eine in der Form der »Natur« bestehende Welt könnte nicht jenen Eindruck machen, der den Dank auslöst; Dank dafür, daß es sie gibt. Hier dürfen wir uns durch keine Lyrik die Kategorien verwirren lassen. Danken kann ich nur für das, was ich als Gabe entgegennehme. Zu behaupten, das Dasein sei Gabe, wenn »Natur« das Letzte ist, wäre Unsinn. Wenn ich also auf das Dasein mit Dank antworte, so beweist das, daß ich empfinde, es ist aus Tat und Freiheit hervorgegangen, »gegeben«. Dieser Charakter kann ins »Natürliche« absinken und eine unbestimmte lyrische oder dionysische Form annehmen; sobald er aber kritisch gereinigt wird, redet er klar... Das gleiche gilt für den Protest. Auch ihn gibt es, wesentlich. In deutlicher Form gegen die Unordnung des Daseins, Leiden und Verwirrung; in verborgener Form dagegen, daß das Dasein überhaupt sei, wie es ist. Auch das wäre in einem »natürlichen« Dasein nicht möglich. In einer »Natur« kann man leiden, ja vernichtet werden; nicht kann man gegen sie Einspruch erheben*.

Daß das oben entwickelte Begriffsgefüge abgelehnt und das Dasein in der Freiheit der Gottestat begründet wird, soll nicht den Ernst aufheben, der sich in jenen Begriffen ausdrückt. Dieser Ernst bildet den echten Sinn der falschen Selbstverständlichkeit, von welcher die Rede war**. Die Natur ist das nun einmal Gegebene, um uns her und in uns selbst, und der Mensch

* Es gibt – man kann schon nicht nur sagen, einen Gedanken, sondern ein Unternehmen, das diesen Sachverhalt zu überwinden sucht, nämlich Nietzsches Forderung des *amor fati* und der schlechthinnigen Annahme des Daseins, wie es ist. Unter dem genannten Gesichtspunkt handelt es sich darum, das innerste Gefühl daran zu gewöhnen, daß es nichts als die Welt gibt, und sie nur als endliche. Um eine Einübung des Menschen in ein Dasein aus bloßer Welt. Die Lehre von der ewigen Wiederkehr des Gleichen verschärft diese Verkündung und Forderung bis zum äußersten, ja bis zum Grauen: siehe das Heulen des Hundes im Zarathustra. Es ist ein Versuch, das innerste Existenzgefühl umzuformen; den nur welthaften Menschen zu züchten, der nichts will als die Endlichkeit, daher gegen sie keinen Protest mehr hat.

** Freilich kann auch der Ernst entarten. Es gibt eine Weise, die Welt »ernst zu nehmen«, die nicht christlich ist und nur dadurch möglich, daß dem eigentlich Wichtigen ausgewichen wird. Die Weise, wie der neuzeitliche Mensch die Natur und sich selbst und die Kultur ernst nimmt, hat für den im Glauben ernüchterten Blick etwas Groteskes, denn das, was da so auf Leben und Tod wichtig erscheint, gibt es in Wahrheit überhaupt nicht; daß aber mit solchem Ernst ein Nichts umfaßt wird, ist der Hohn Satans. In dieser Weise nimmt der Christ weder die Welt, noch sich selber, noch die Natur wichtig. Dem allen gegenüber hat er den Humor des Erlösten. Erst im Raum dieses gottgeschenkten Nicht-so-ernst-Nehmens aber blüht die Welt. Nur in der heiligen Freiheit des Geschaffenseins gedeiht sie. Sie will kein Götze wersoll sie sehen, wie sie ist. Der Glaube an die Schöpfung darf keinen Märchencharakter annehmen, sondern die Welt muß in der Hand der Gottesfreiheit die ganze Strenge behalten, die ihr eignet. Das kann aber nur aus einem eindringenden Verständnis des Schöpfungsbegriffes selbst heraus geschehen. Das Schaffen Gottes ist ein wirkliches Schaffen. Die Dinge sind keine bloßen göttlichen Bewußtseinsinhalte. Die Welt besteht nicht als das Spiel der Vorstellungen eines unendlichen Wesens. Der indische Gedanke, die Welt sei *Maya*, unwirkliches Spiel göttlicher Phantasie, ist sehr oberflächlich. Er nimmt der Welt gerade jenen Charakter, aus welchem ihre eigentliche Tiefe kommt, nämlich den Ernst der Wirklichkeit. Was Gott schafft, schafft er durchaus, rundherum. Er entläßt das Geschaffene in eigenes Wesen, Stehen und Handeln. Die Gestalt, die der irdische Künstler erzeugt, existiert in seinem Geiste. Sobald er dann den Stein behaut, bildet das, was er hinstellt, nicht die Gestalt selbst, sondern ein System von Zeichen, durch die er sich mit dem Beschauer verständigt, damit sie auch in dessen Geist aufleuchte. Gegeben ist die Gestalt nur als vorgestellte, im Geist des Schaffenden und des verständigt Schauenden. Das Wirkliche, welches zwischen ihnen dasteht, der Steinblock, stellt bloß den Bezug her. So führt es irre, das Schaffen Gottes mit dem des Künstlers zu vergleichen, denn dieser vermag gerade das Letzt-Entscheidende nicht: das Geschaute wirklich zu machen. Eben das aber tut Gott. Er gibt das von ihm

den. Sie verlangt nach jener holden Leichtigkeit, die ihren letzten Ausdruck in der »Freiheit der Kinder Gottes« findet. Die »Autonomie« ist ein Starrkrampf, in welchem die Welt erstickt.

Gedachte ins eigene Stehen und Wirken frei. Darin liegt das Meisterliche der Schöpfung. Daraus kommt ihre Wucht und Unausweichlichkeit. Gerade das ist es auch, was durch den Autonomiebegriff mißverstanden und mißbraucht wird... Ebenso hat das Werk der Schöpfung jenen ganzen Ernst der Gültigkeit, jene Unausweichlichkeit von Tatsache und Gesetz, welche das Erlebnis und Ethos der neuzeitlichen Wissenschaft bestimmen, denn es ist von Dem geschaffen, der die Wirklichkeit nicht nur weiß, sondern begründet. Die allgemeine Ansicht sagt, das vom Bewußtsein der autonomen Natur getragene Weltbild der Wissenschaft sei das eigentlich erwachsene und ernste, das des Glaubens hingegen etwas Kindliches, Erbauliches, Legendäres. Sogar der Glaubende selbst hat sich diesem Urteil – wenn nicht in ausdrücklichen Aussagen, so doch im unwillkürlichen Gefühl und der unbewußten Haltung – weithin gefügt. Oft besteht seine Glaubensleistung darin, trotz alledem zu glauben und in den Widersprüchen auszuharren, die sich daraus ergeben. In Wahrheit ist das, was die Wissenschaft erlebt und herausgearbeitet hat, eine Eigenschaft von Gottes Werk und muß vom Glauben heimgeholt werden. Dieser muß, als Glaube, mündig werden, indem er jenen Ernst in sich aufnimmt.

Nur weil das göttliche Schaffen ein wirkliches Schaffen ist, kann das Seiende als »Natur«, das heißt als Eigenseiendes und Eigenverständliches aufgefaßt werden. Aus dem Ernst, der Redlichkeit und Meisterlichkeit der Schöpfung bildet der Wille des Menschen den Trug. Wenn ein Garten von einem schlechten Gärtner angelegt wird, merkt man an jeder Stelle die untüchtige

Hand; es gehört ein großer Könner dazu, um ihm jene selbstverständliche Harmonie zu geben, die als höhere Natur empfunden wird. Wäre die Welt das Werk eines unvollkommenen Wesens, dann würde sie überall als nicht gekonnt, empfunden, eben damit aber als gemacht erkannt werden. Nie hätte sie jenes Überzeugende und Ruhegebende, jenes Gültige und Herrliche an sich, das zur Autonomie der Natürlichkeit mißdeutet werden kann. Nur weil der Mensch aus dem Anruf Gottes hervorgeht und in seinem Anruf besteht; weil er das »Du« ist, von Dem errufen, der sich selbst den »Ichbin« nennt, hat er überhaupt die Möglichkeit, sich als autonomes Selbst zu verstehen. Nur weil der schaffende Gott dem Menschen das Weltwerk wirklich in die Hand gegeben hat, kann dieser auf den Gedanken kommen, er habe eine autonome Kultur zu schaffen ... Ein Grundgesetz aller echten Wertlehre sagt: Je höher der Wert, desto größer die Gefahr. Die Gabe des Daseins ist vom Wert der reinen Geschaffenheit gesättigt; er bringt aber die verhängnisvolle Möglichkeit mit sich, das reine Geschaffensein in die Selbstgenügsamkeit der Autonomie zu verkehren.

Innerhalb dieses Schöpfungsbezuges bekommt das, was oben als positiver Gehalt der neuzeitlichen Entwicklung beschrieben wurde, seinen eigentlichen Sinn. Die Welt ist geschaffen, Werk Gottes durchaus. Als solches aber wirklich; in seiner geschaffenen Endlichkeit seins- und sinndicht. Sie ist dem Menschen in die Hand gegeben, der ebenfalls endlich, aber wirklich und mächtig ist. Die Verantwortung, welche der Mensch für sie hat, ist viel größer, als das Mittelalter sehen konnte – deswegen größer, weil er sie in einem ganz anderen Maße erkennen und in die Hände nehmen kann, als jener Zeit zu sehen möglich war. In das Verhältnis des Menschen zur Welt ist etwas gekommen, das wir nur als Mündigkeit bezeichnen können. Das Wort meint noch nichts Sittliches, vielmehr etwas, was mit der Tatsache der fortgeschrittenen Zeit, des höheren Alters gegeben ist. Der Mann ist dem Jüngling gegenüber mündig. Das bedeutet nicht, daß er sittlich besser sei, sondern daß er die Welt schärfer sieht, ihre Wirklichkeit härter spürt, einen genaueren Überblick über die Möglichkeiten und Grenzen seiner Kraft und ein deutlicheres Bewußtsein seiner Verantwortung hat. Diese strukturelle Mündigkeit wird freilich sofort auch zur sittlichen Aufgabe, vor welcher er sich bewähren oder versagen kann. Immer aber ist die Struktur da, weil mit der einfachen Tatsache der altersmäßigen Reife gegeben. Etwas Entsprechendes findet sich hier. Der neuzeitliche Mensch ist dem mittelalterlichen gegenüber mündig. Der Vergleich kann im übrigen, menschlich wie werkmäßig, sittlich wie religiös, zu seinen Ungunsten ausfallen. Trotzdem bleibt die Tatsache bestehen, daß er von vornherein und unaufhebbar die Welt anders sieht als jener.

Eben damit ist auch eine christliche Aufgabe gestellt, nämlich die der Weltverantwortung vor Gott. Damit hängt das ebenfalls neuzeitliche Phänomen des Laien zusammen. Dessen Wesen kann nicht – wie das so oft geschieht – negativ bestimmt werden; daher, daß er keinen *ordo* habe. In Wahrheit stellt er die erste und grundlegende Form des gläubigen Menschen dar. Während der Priester unmittelbar der Offenbarung dient, ist er in besonderer Weise auf die Welt bezogen; die Welt aber ist Gottes Schöpfung. Die Verantwortung für sie ist ihm als christliche Aufgabe übergeben. Als Christ hat er sich nicht nur vor den Gefahren der Welt zu schützen und so »seine Seele zu retten«, sondern das Retten der Seele geschieht, indem er dafür sorgt, daß die Welt vor Gott richtig wird. Dazu muß er sie aber sehen, wie sie ist, und ihren Möglichkeiten standhalten. Der Wille Gottes hängt nicht über der Welt, sondern liegt in ihr – darin, daß sie ist, wie sie ist.

Gott und »der Andere«

Dieser Sachverhalt führt zu einer Entscheidung: ob der Mensch sich selbst aus seinem souveränen Akt entgegennehmen und sein Leben im Raum dieses Aktes führen will.

Das Problem tritt an vielen, eigentlich muß man sagen, an allen Stellen des Daseins hervor. Wir wollen es in jenem Erlebnis zu verstehen versuchen, das sich im 138. Psalm ausdrückt*. Da wird ein Mensch von der Erkenntnis, daß Gott ihn sieht, ganz überwältigt. Gott sieht alles an ihm: den Körper, die Taten, die Gedanken. Er sieht ihn zu jeder Zeit: jetzt, früher, am ersten Anfang des Lebens und weiterhin bis zum Ende. Er sieht das Offenbare: Gebärden und Handlungen; aber auch das Verborgene: Pläne, Absichten, Gesinnungen.

* Dazu meine Interpretation des Psalms in der Zeitschrift »Die Schildgenossen«, Jahrgang 16 (1937), Heft 4, S. 237ff.

Gott weiß sogar das, was noch nicht ist, sondern erst sein wird: die Zukunft. Wie der Mensch im Mutterschoß gebildet wurde, hat Gott bereits sein ganzes Leben, von dem noch kein Tag gelebt war, gekannt. Jeder Versuch, sich vor Gott zu verbergen, wäre vergeblich, denn Er ist überall und durchblickt alles. So erhebt sich aus dem Psalm das ungeheure Problem dieses restlosen Gesehenseins.

Kann das ertragen werden? Damit ist nicht die Furcht gemeint, eine böse Tat oder ein beschämender Gedanke möchte offenbar gemacht; auch nicht das Widerstreben dagegen, Zartes, Tiefeigens möchte bloßgestellt werden. Vielmehr die viel wesenhaftere Frage, ob unter einem restlos und beständig sehenden Blick überhaupt Existenz möglich sei? Sich aus der Hand der Schöpfung entgegenzunehmen, bedeutet auch, sich im Blick des Schöpfers stehend zu wissen. Der Mensch bedarf aber, um leben zu können, der Sphäre des Vorbehalts. So muß er sich gegen den fremden Blick wehren. Er wird tun, als wäre der Blickende nicht. Er wird ihm zu entfliehen suchen; sich ins Äußerliche, in die Zerstreuung wenden. Oder er wird sich auflehnen; Gott leugnen; das eigene Selbst in den absoluten Charakter zu bringen suchen, durch welchen der Zuschauer von selber wegfällt – siehe das oben über den Begriff der Natur und des Subjekts Gesagte. Dann vollzieht sich ein Abfall, und zwar so, wie solche Dinge sich immer vollziehen, nämlich auf Halb-Richtigkeiten und Halb-Rechte gestützt. Diesen Abfall kann man nicht mit dem Urteil abtun, der Mensch sei ungehorsam; damit wäre der Sachverhalt nicht aufgearbeitet, sondern nur zum Schweigen gebracht. Man kommt nur weiter, wenn man als erlebenden Menschen nicht den einfachhin stolzen und ungehorsamen, sondern den auch gutmeinenden, leidenden, verstrickten des durchschnittlichen Daseins einsetzt.

Wogegen wehrt sich dieser Mensch, wenn er nicht von Gott gesehen sein will? Gegen den Anderen, den *Heteros*. Er will nicht heteronom sein – und damit hat er ebenso recht, wie er unrecht hat, wenn er autonom werden will. Im Verhältnis zu Gott ist die Heteronomie genauso falsch wie die Autonomie. Mein Selbst kann nicht unter der Gewalt des Anderen stehen, auch nicht, wenn dieser Andere Gott ist. Ja dann erst recht und eigentlich nicht. Und zwar nicht deshalb, weil meine Person vollkommen wäre und darum die andere nicht über sich ertrüge, sondern gerade weil sie das nicht ist. Gerade weil mein Selbst nicht wirklich und sicher in sich steht, wird ihm die Anwesenheitswucht des Anderen gefährlich. Das kann sich als Unsicherheit, Angst, Gebanntheit – aber auch als das Gegenteil davon, nämlich als Auflehnung äußern. Dann kommt das Gefühl: »Er oder ich!« Gegen dieses Gefühl würde es gar nichts helfen, wenn man dem Rebellierenden sagte: »Du kannst wider Gott nicht aufkommen; er ist allmächtig, und Du mußt Dich fügen.« Im Gegenteil; dadurch würde das Verhältnis nur noch schlimmer. Es würde zu Zuständen kommen, wie sie Dostojewskis »Dämonen« in der Angst des Ingenieurs Kirilloff vor Gott schildern. Dieser ängstigt sich nicht aus einem besonderen Anlaß, etwa weil er schuldig geworden wäre; sondern was er fühlt, ist die Angst der zerbrechlichen, endlichen, aber nach Lebensfülle, Freiheit und

Würde dürstenden Existenz vor dem übermächtigen Anderen; das Gefühl, aus der Würde, aus der Scham, aus dem eigenen lebendigen Sein hinausgedrängt zu werden. Und nicht dadurch, daß Gott ihr etwas Besonderes antäte oder auch nur unfreundlich gesinnt wäre, sondern einfach indem Er ist; als der Allmächtige und Allgegenwärtige ist; vor ihr, über ihr ist. Diese Angst wird bei Kirilloff um so quälender, als er ein tief religiöser Mensch ist, der im Grunde Gott liebt. Aber er liebt ihn so, wie er einen anderen Menschen lieben würde; und das tut er so unmittelbar und heftig, und er selbst ist so zart gebaut und zugleich so unerbittlich im Ehrgefühl, daß alles auf die Alternative hindrängt: »Er oder ich!« ... Das gleiche Problem kehrt bei Nietzsche wieder – dessen Situation ja überhaupt in vieler Beziehung durch die »Dämonen« enthüllt wird. Auch in Nietzsches Gefühl nimmt Gott dem Menschen den Raum des Daseins, die Fülle des Menschentums, die Ehre der Existenz. Daraus kommt der »postulatorische Atheismus«: »Wenn ich sein soll, kann er nicht sein. Ich muß aber sein, also darf er nicht sein!« Wie elementar und verletzlich aber das ist, worum es sich dabei handelt, zeigt die Nietzsche'sche Botschaft: »Gott ist tot.« Nicht: es gibt keinen Gott, sondern: er ist tot! Dahinter lauert der tiefere Satz: »Ich habe ihn getötet. Ich bin im Kampf mit dem großen Anderen Sieger geblieben.« Auch bei Kirilloff läuft es ja nicht auf die einfache Leugnung Gottes hinaus, sondern auf eine Tat, die ihn auslöscht. Gott ist Der, der den Menschen ängstet. Gott ist selbst die Angst des Menschen. Die Angst wird aufgehoben, wenn der Mensch an der entscheidenden Stelle »Mut beweist«. Die entscheidende Stelle aber ist das Leben. Wenn der Mensch es wagt, sich zu töten, erlischt die Angst. Nicht nur deswegen, weil dann keiner mehr da ist, der sich ängsten könnte, sondern tiefer, weil dann »vollkommene Freiheit errungen, und damit die Angst selbst überwunden« ist. Dann »stirbt« Gott. Zunächst Gedankengänge eines Wahnsinnigen; der pathologische Grenzfall aber enthüllt einen Sinnverhalt des normalen Empfindens; jenen Sinnverhalt, der die Philosophie Nietzsches, wie überhaupt den nachneuzeitlichen tragischen Finitismus trägt* . . . Aus dieser Schwierigkeit würde nicht einmal der Hinweis hinausführen, Gott sei der Liebende. Selbst als Liebender ist der ewig-gegenwärtige Andere unerträglich. Ja vielleicht ist für den stolzen Menschen – und der edle Mensch ist ja wohl meistens stolz – gerade der Liebende Andere am wenigsten zu ertragen. Denn daß er liebt, würde seinem Dasein die lebendigste Nähe geben; daß er aber der Andere ist, würde die Liebe zu etwas Entwürdigendem machen.

In dieser Schicht des Verhältnisses hat der Mensch recht. Er kann nicht unter dem Blick eines immer gegenwärtigen Anderen leben. Von hier aus bedeutet die Auflehnung Notwehr. Unter ihr liegt aber Tieferes. Jener Gedanke, jene Empfindung, die in Gott den übermächtigen Anderen sehen, bedeuten zunächst einen Irrtum des Denkens und einen Fehlgang des Gefühls – dahinein hat sich aber die wirkliche Empörung gegen Gott verkleidet, um dann als berechtigte Notwehr erscheinen zu können. Eben dadurch, daß der

* Zum ganzen Zusammenhang siehe mein Buch »Religiöse Gestalten in Dostojewskis Werk« (Leipzig 1939). Darin besonders das Kapitel »Gottlosigkeit«, S. 213ff.

Mensch Gott in die Rolle des Anderen stellte, hat sich die Auflehnung vollzogen.
Denn Gott ist nicht »der Andere«, sondern Gott. Daran, daß das erkannt werde, hängt die Erkenntnis der Schöpfung und das Selbstverständnis des Menschen. Gott ist das einzige Wesen, von dem ich nicht sagen kann, ich sei es, worauf letztlich aller Autonomiewille hinausläuft – von dem ich aber auch nicht sagen kann, es sei mir gegenüber der Andere, worin letztlich alle Heteronomie besteht. Von jedem Wesen sonst gilt der Satz: es ist nicht ich, also ein Anderes. Von Gott gilt dieser Satz nicht; und eben daß er nicht gilt, drückt Gottes Wesen aus. In dem Verhältnis, von dem wir sprachen, wird aus Gott ein Anderer gemacht; der größte von allen; der Andere schlechthin. Ist er das, dann muß der Mensch den schrecklichen Kampf der Befreiung auf sich nehmen, und Nietzsche hat recht. Gott ist aber nicht der Andere, deshalb, weil er Gott ist. Als Gott steht er dem Geschöpf so gegenüber, daß die Kategorie des Anderer-Seins auf ihn ebensowenig angewendet werden kann wie die des Gleicher-Seins. Wenn Gott ein endliches Wesen schafft, dann stellt er nicht ein Anderes neben sich – etwa so, wie die Gebärende das neue Menschenwesen aus sich heraus ins Dasein stellt, so daß es von nun ab neben ihr besteht. Das geschieht nur deshalb, weil der Grund des Existierens für die Mutter ebensowenig in ihr selbst liegt wie für das Kind; beide vielmehr einem sie umfassenden Dasein angehören und mit diesem aus dem gleichen ersten Anfang hervorgehen. Die Mutter schafft das Kind nicht, sondern dient den Ordnungen des Lebens und dem in ihnen waltenden Gotteswillen; Gott hinge-

gen schafft den Menschen. Die schöpferische Energie seines Aktes macht mich zu mir selbst. Dadurch, daß er sich mir mit der rufenden Macht seiner Liebe zuwendet, werde ich Ich und stehe in mir. Meine Eigentümlichkeit wurzelt in ihm, nicht in mir selbst. Wenn Gott mich sieht, dann ist es nicht so, wie wenn ein Mensch auf einen anderen Menschen blickt, ein fertiges Wesen auf ein fertiges Wesen, sondern Gottes Sehen schafft mich. Der Begriff des Anderen hat also hier keinen Sinn. Zwar können wir denkend ihn nicht entbehren. Wenn wir nicht den Menschen mit Gott identisch setzen wollen, dann müssen wir sein Verhältnis zu Ihm mit dem Begriff des Anderen denken. Dieser bildet die logische Garantie dafür, daß wir nicht in den bösen Widersinn der Identität verfallen. Zugleich müssen wir uns aber bewußt sein, daß der Begriff des Anderen eigentlich ausgeschieden werden müßte. Der Begriff der Schöpferschaft, der das Verhältnis Gottes zum Menschen ausdrückt, sagt ein Doppeltes aus: einmal, daß der Mensch wirklich in eigenes Sein gestellt ist; dann aber und zugleich, daß Gott kein Anderer neben ihm, sondern die schlechthinnige Quelle seines Seins ist und ihm näher, als er sich selbst.

Die Ahnung davon liegt denn auch in jeder echten religiösen Erfahrung. Man könnte das Gemeinte logisch so ausdrücken, daß man sagte: Der Satz des Widerspruchs – wonach A, eben als A, nicht B ist – gilt zwischen Gott und dem Menschen nicht einfachhin. Zwar kann er in den Aussagen über dieses Verhältnis nicht entbehrt werden, denn er schützt sie vor dem Monismus; eigentlich liegt aber das Verhältnis anders. Eben dieses Andersartige, Besondere und logisch nicht Ausdrückbare meint der Begriff des Geschaffenseins; eine Relation, in welcher der Satz des Widerspruchs seiner wahrenden Bedeutung nach aufrechterhalten, zugleich aber auf ein Unausdrückbares hin überwunden ist. Damit erhält die oben gemachte Aussage, die Schöpfung trage Gnadencharakter, einen tieferen Sinn. »Schaffen« besagt, daß Gott den Menschen zu sich selbst in jenes Verhältnis stellt, bei dessen Vollzug das Denken zunächst sagt: »Gott ist nicht ich«; dann hinzufügt: »er ist aber auch nicht ein Anderer« – um mit diesem scheinbaren Widerspruch auf ein Unsagbares hinzudeuten, das sich der begrifflichen Auffassung entzieht. Dieses Unsagbare ist aber dem religiösen Bewußtsein unmittelbar einsichtig; ja man darf vermuten, ebendiese Einsichtigkeit mache das Wesen dieses Bewußtseins aus. Im Begriff der eigentlichen Gnade findet das Verhältnis dann seine letzte Klarheit und Erfüllung.

Aus dem Gesagten ergibt sich auch eine Folgerung für die Liebe Gottes. Gott liebt den Menschen, indem er ihm alles gibt, Sein und Wesen. Er macht ihn zu dem, was letztlich allein geliebt werden kann, zur Person. Er, der Personale schlechthin, macht den Menschen zu seinem Du. Das tut er nicht zum Schein, im Beinahe, sondern mit absolutem Ernst. Der Mensch ist wirklich Person. Dann muß aber die Liebe, die Gott ihm gibt, auch so sein, wie sie der Person zukommt. Richtiger gesagt, der Mensch ist nur Person, weil die göttliche Liebe zu ihm so ist, wie sie ist. Das heißt aber, daß Gott den Menschen achtet. Was wir oben so ausdrückten, daß wir sagten, Gott sei für den Menschen nicht dessen

Anderer, sondern mache sich, indem er ihn schafft, zur Voraussetzung und zum Garanten seines Selbstseins – das kann nun folgendermaßen gefaßt werden: durch seinen liebenden Anruf macht Gott den Menschen zur Person, aber in Achtung. Er schafft ihn nicht so, wie Gestirne, Baum oder Tiere, durch einfachen Befehl, sondern durch Anruf. Im Schöpfungsbericht kommt das denn auch deutlich zum Ausdruck. Von Himmel und Erde heißt es einfachhin: »Gott schuf«. Von den Formungen innerhalb der Welt sowohl wie von der Entstehung der Pflanzen und Tiere heißt es, daß Gott sprach: »Es werde«. Vom Menschen aber, daß Gott den Leib aus Erde bildete und ihm die Seele einhauchte; und weiter, daß Gott diesen Menschen »benannte«. Das Nennen aber ist der Anruf der Person. Damit alles klar werde, wird dann weiter berichtet, wie Gott dem Menschen die Tiere vorführt, und es zeigt sich, daß er von ihnen allen im Wesen verschieden ist ... Gott ist also dem Menschen gegenüber nicht ein Anderer, denn der Mensch lebt aus Gottes Kraft und Hauch. Derselbe Gott aber steht zum Menschen in der Haltung, welche Person setzt und ihr den zugeordneten Wertraum gibt, das heißt, in Achtung. Der Satz, Gott achte den Menschen, sagt eine Distanz aus; der Satz, Gott sein kein Anderer, hebt die Distanz auf*. Jene

* So stellt der Glaube an die Schöpfung eine Aufgabe religiöser Übung: Gott gegenüber die rechte Haltung zu lernen. Zu lernen, daß er ist, souverän, unabhängig von der Welt, ihr Schöpfer und Herr. Aber nicht der Andere, sondern Jener, dessen Dasein macht, daß ich sein könne; der so geartet ist, daß, je stärker er in meinem Leben zur Geltung kommt, desto reiner ich Ich-Selbst werde.

Die ganze neuzeitliche Anschauung von der Autonomie der Welt und des Menschen; der ganze Kampf gegen die Heteronomie in ihren verschiedenen beiden Momente des göttlichen Schaffens, von denen die Rede war, verbinden sich und deuten auf das Wesen der Liebe Gottes hin, die sich von der menschlichen Liebe ebenso unterscheidet wie göttliches Schaffen vom menschlichen.

Erscheinungsformen; der Begriff der Natur, des Subjekts und der Kultur in dem oben dargelegten Sinne scheinen letztlich darauf zu ruhen, daß aus Gott »der Andere« gemacht wurde. Dadurch wurde er aus der Eigentlichkeit seines Wesens in den ihm fremden Begriff des Neben- oder Überwesens gedrängt. Daß das geschah, war zu innerst Auflehnung des Menschen. Wir sehen den Sachverhalt aber doch nicht ganz und vor allem nicht gerecht, wenn wir ihn nur so sehen. Der Mensch, der sich empörte, hat auch viel gelitten. Es ist eine große Not, Gott als den Anderen zu empfinden, und Not bleibt Not, auch wenn sie verschuldet ist. Außerdem gibt es Verschuldungen, die nicht ohne weiteres in Ordnung kommen und Nöte, die nicht einfachhin verschwinden, wenn der Mensch sich zum Rechten wendet. Um wirklich zu sehen, daß das Leiden an Gott als »dem Anderen« aus Schuld hervorgeht, bedarf es der Hilfe, der geistigen Erziehung und rechten Lebensordnung; die waren aber oft nicht da. Nicht von ungefähr und nicht nur aus bösem Willen erheben sich Gestalten wie die Nietzsches. Sie bilden eine Antwort auf große Versäumnisse. Soll der Glaube an Gott den Schöpfer und Erlöser lebendig werden, dann müssen die Menschen ihn in seinem Wesen und Geheimnis sehen; sich selbst in ihrem wahren Verhältnis zu ihm verstehen und innewerden, daß sie aus ihm heraus ihre Freiheit und Würde haben. Das geschieht aber nicht durch bloßes Behaupten . . . Wie genau diese tiefsten Dinge mit ganz praktischen zusammenhängen, zeigt sich an der Art, wie Autorität und Gehorsam gedacht und vollzogen werden. Das Verhältnis der religiösen Autorität zum einzelnen wird im Grunde so gesehen wie das Vehältnis Gottes zur Welt. Im Autoritätsverhältnis kommt naturgemäß das Gegenüber scharf zum Ausdruck. Rechtens ist nicht, was der einzelne will, sondern was die Autorität befiehlt. Dennoch bedeutet es eine letzte Entscheidung, ob dieses Verhältnis nur so empfunden und vollzogen wird, daß drüben »der Andere« steht, oder aber in ihm irgendwie das Geheimnis des echten Gottesverhältnisses zur Welt fühlbar wird. Geschieht das nicht, steht da einfach der Befehl, das Gesetz, die Behörde, dann wird etwas in den Wurzeln zerstört. Die Beziehung verliert ihren tiefsten Sinn, und mit psychologischer Notwendigkeit folgt die Auflehnung. Vor allem gilt das mit Bezug auf das Gewissen. Die christliche Pädagogik des Gewissens, die Vorstellung von der Sünde, die Praxis der Gewissensbildung, wie überhaupt die ganze Haltung gegenüber dem Gebot haben alle Veranlassung, zu prüfen, was hier verfehlt und versäumt worden ist.

Glaube, Hoffnung, Liebe

Die Entstehung des Glaubens

Wie geht es zu, wenn der Glaube entsteht?
In allgemeingültiger Weise kann man das nicht sagen. Es gibt so viele Weisen des Gläubigwerdens, als es Menschen gibt. So wollen wir einige Hilfslinien zeichnen, um uns in der Mannigfaltigkeit zurechtzufinden.
Beginnen wir mit dem Menschen, der vom Lebendigen Gott, wie er in Christus gesprochen hat, noch nicht weiß; der in den unmittelbaren Zusammenhängen der Wirklichkeit lebt: in den Gegenständen der inneren und äußeren Erfahrung; in den Aufgaben des Berufes; im Kampf um die notwendigen und begehrenswerten Dinge; in den Begegnungen mit den anderen Menschen.
Sein Leben ist darin ganz aufgegangen. Die Welt ist ihm darin voll und beschlossen gewesen, und er hat kein Bedürfnis nach anderem empfunden. Vielleicht hat er gefühlt, daß es etwas Heiliges und Geheimnisvolles gibt, hat es aber, sie durchwirkend und weihend, in der unmittelbaren Welt selbst gesehen.
Oder er hat sich mit Fragen gemüht; das Dasein ist ihm rätselhaft gewesen und hat ihn mit dem »Warum« und »Wohin« gequält. Allein er hat die Antwort im Gefüge der Welt selbst gesucht, in ihrer Tiefe, in ihrer Höhe – oder wie immer wir die Richtung seines Suchens bezeichnen wollen, das sich vom Nächstliegenden ins Ferne und schwer Zugängliche vorarbeitet.

Er hat wohl gewußt, daß in der Geschichte ein Jesus von Nazareth steht; daß er großen Einfluß gehabt hat und noch heute Menschen durch ihn religiös bestimmt werden – es ist ihm aber nicht wichtig geworden.
Was von Gott kommt, kommt meist in der Form des Beginnens. Gottes Wirken stellt keine fertigen Ergebnisse hin, sondern es rührt ein lebendiges Organ an, löst eine Bewegung aus, sät einen Samen ein. Vielleicht scheint alles wieder zu versinken und wirkt im Verborgenen weiter. Vielleicht taucht es an anderer Stelle und in anderer Form wieder auf; gibt etwa einem bereits bestehenden sittlichen Konflikt neue Dringlichkeit; wirft in eine philosophische Fragestellung neues Gewicht; macht die Beziehung zu einem Menschen ernster, reiner, verantwortungsvoller.
Das Neue wird erst verwundert angesehen, als fremd empfunden und beiseite geschoben. Es kommt aber wieder, stärker, tiefer anrührend, innerlicher beunruhigend.
Vielleicht beginnt eine Auseinandersetzung intellektueller Art: Ist das so? Ist das möglich? Ist das richtig überliefert? Wie verträgt sich das mit den Grundlagen des geistigen, wissenschaftlichen Bewußtseins? Mit den Überzeugungen meines Lebenskreises? Mit den Anschauungen der Zeit? Das Fragen und Erörtern geht hin und her; durch es hindurch aber vollzieht sich etwas anderes: die Wirklichkeit dessen, was da herspricht, verdichtet sich. Seine Bedeutung wird mächtiger. Seine Forderung wird dringlicher. Im letzten ist die Arbeit des Verstandes ein Kampf gegen oder um dieses Wirklich-Werden. Denn die Begriffe bedeuten mehr, als was sie unmittelbar sagen; die intellektuellen

Stellungnahmen sind Deckvorgänge für Tieferes, unter ihnen sich Vollziehendes... Oder die Auseinandersetzung ist ethischer Art: ein Kampf des bereits geformten Gewissens und der bestehenden sittlichen Gewohnheiten mit dem neuen Ethos, das da herüberspricht; ein Sich-Schützen gegen das Unverständliche, Seltsame da, das doch als Anspruch empfunden wird; eine Gegenwehr gegen Forderungen, welche Wagnis, Zucht, Entsagung zumuten, und die das Innerste eigentümlich beunruhigen... Oder das Lebensgefühl ist's, das in die Auseinandersetzung gerät: die innere Haltung des seither geführten Lebens; die für richtig angesehene und geübte Gewohnheit; die ganze Gestalt des Daseins... Oder die sozialen Bindungen, die Grundanschauungen des Standes, die Überlieferungen der Familie und Gesellschaftsgruppe... Oder wie immer wir das ausdrücken wollen, daß da ein Menschendasein ist, als Anlage empfangen, von der Erziehung geformt, durch eigenes Tun bestimmt, mit seiner besonderen Gestalt, Haltung und Sinngebung – und ihm nun etwas Neues entgegentritt; den Anspruch erhebt, maßgebend zu sein, und ein Kampf dieser bis jetzt in sich selbst stehenden Welt um Eigenständigkeit oder Hingabe beginnt.

Diese Auseinandersetzung kann sehr verschiedene Formen annehmen. Bald ist's Abwehr; bald Angriff. Eine Stellungnahme scheint fest und zergeht wieder. Eine Frage war abgeschlossen und steht nach einiger Zeit neu da. Eine Klarheit arbeitet sich heraus; wird wieder überdeckt; zeigt sich neu. Zeiten innerster Beteiligung wechseln mit solchen der Gleichgültigkeit. Manchmal versteht derselbe Mensch nicht mehr, wie er, der heute den religiösen Dingen so kalt, ja widerwillig gegenübersteht, vor Tagen noch so ergriffen sein konnte ... Durch das alles hindurch aber und im Laufe vielleicht langer Zeit geschieht das Eigentliche: Daß Gott wirklich wird. Daß Christus wirklich wird. Und wirklich die Kirche als Stiftung seines Willens und als Weise, wie Er in der Geschichte handelt und schafft.

Der Mensch fühlt den Antrieb, hinüberzugehen. Erst mißlingt es. Er gleitet ab. Er wird enttäuscht durch das Menschliche, das er drüben findet; durch Unzulänglichkeiten der kulturellen Gestalt; durch Enge der geistigen Haltung. Er fühlt sich durch Fremdartiges oder Widerwärtiges abgeschreckt – bis einmal doch die Entscheidung reift und er den Schritt zu der rufenden Wirklichkeit hin tut. Und nicht nur in unverbindlicher Weise, so daß er ihn durch andere Erfahrungen wieder zurücknehmen kann, sondern endgültig; als Entscheidung. Im Dazustehen der Person; in der Selbstbindung der Treue; in der Knüpfung der engsten inneren Wirklichkeit an jene drüben. Sich ausdrückend im Bekenntnis und sich vollendend in der Handlung der Taufe, durch welche der Hinzutretende in das Geheimnis des neuschaffenden Gottes aufgenommen wird; in die »Wiedergeburt aus dem Wasser und dem Heiligen Geiste«.

Nun liegt in ihm ein Keim neuen Lebens. Er steht auf einem Standort neuen Daseins. Er trägt eine neue nach Verwirklichung drängende Wesensgestalt in sich, und das Leben des Glaubens mit seinen Aufgaben beginnt.

Es kann aber auch sein, daß der Mensch, von dem wir sprechen, im Glauben aufgewachsen ist. Seine Eltern

sind gläubig gewesen; seine Erzieher auch. Seine Umgebung war durch den Geist der christlichen Überlieferung bestimmt, und die Gestalten der heiligen Geschichte haben überall in ihr gestanden. So ist seine Kindheit in der schützenden Atmosphäre einer christlich geprägten Welt dahingegangen. Die Dinge, die ihm begegneten, waren vom Glauben her gedeutet; die Ereignisse des Daseins von dorther gewertet. Er war durch die Überzeugung geliebter und verehrter Menschen getragen und vollzog ihren Glauben mit.
Dann verging die Kindheit. Ihre schützende Hülle löste sich auf. Die Dinge traten aus ihnen selbst her, der gläubigen Deutung fremd, oft ihr widersprechend. Er begegnete Menschen von anderem Glauben oder auch ohne irgendeine religiöse Überzeugung, und sah sie gesund, lebensstark, schaffenskräftig; oft ehrenwert und charaktervoll; manchmal vielleicht edler gewachsen, freier und mutiger gesinnt, als er sie im Bereich der Kirche gefunden hatte. Er sah, wie oft die großen Werke der Kultur aus ganz anderem Geiste erstanden waren, dem christlichen fern, gar feindlich, und doch in ihrer Kraft und Fülle nicht anzuzweifeln. Das öffentliche Leben, das allgemeine menschliche Dasein entfaltete sich um ihn her; er sah seine Fülle und Weite, erfuhr seine herrliche und furchtbare Gewalt, empfing seine Aufgaben und wurde in seine Kämpfe gerissen. Immer deutlicher wurde ihm, wie wenig davon aus dem Christlichen bestimmt war. Die Welt enthüllte sich weithin als Christus fremd; das Weltall schien ihm gegenüber gleichgültig. Das Christliche, gar die Kirche, wie sie ihm täglich begegnete, kam ihm in diesem ungeheuren All wie eine schwächliche und veraltete

Sonderbarkeit vor. Da war es mit dem Glauben zu Ende. Er wurde mit Schmerzen um der Freiheit willen abgeschüttelt. Oder er zerrann, und eines Tages war nichts mehr da.
Dann aber, nach einer vielleicht langen Zeit, kam die Wiederbegegnung. Die kann in verschiedenster Form vor sich gegangen sein; alles, was oben in jenem Zusammenhang angedeutet wurde, kann sich hier wiederholen. Nur daß jene Auseinandersetzung, jenes Gefördertsein und Widerstreben, Berührtwerden und Ausweichen einen anderen Charakter bekommt, weil ja alles bereits einmal besessen war, wenigstens besessen schien; weil mit allem Erinnerungen verbunden sind, vom Zauber der Kindheit erfüllte Erfahrungen, drückende Erlebnisse, schlimme Enttäuschungen, vielleicht auch Schuld. Aus alledem heraus vollzieht sich aber wieder das Entscheidende: die Wirklichkeitsverdichtung Gottes; das Wesenhaftwerden Christi; die Sinndurchleuchtung der Kirche – bis der Schritt der neuen Glaubensknüpfung geschieht.

Auf diesem aber sowohl wie auf jenem Wege besteht eine nicht festzulegende Verschiedenheit darin, welche christliche Wirklichkeit zuerst oder als die wichtigste erfahren wird. Vielleicht ist es Christus. Dann stößt der Suchende zuerst auf ihn; erfährt ihn als das Eigentliche, Mächtige, Herrliche; findet von ihm aus den Vater; empfängt durch ihn die Kirche ... Oder die Kirche wird zuerst erfaßt mit der Wucht ihres Stehens, der Kraft ihres Tragens und der Fülle ihrer Sinngehalte, sie aber weist hinter sich auf Christus zurück ... Oder der Lebendige Gott steht vor allem im Bewußtsein, und allmählich wird klar, daß Wahrheit und Heiligkeit nur aus dem Munde Christi rein vernommen werden können, Christus aber wiederum nur in der Kirche mit unversehrter Freiheit redet.

Hier gibt es keine vorgeschriebenen Wege. Gott führt den Menschen, wie er will. Darin aber, wie der einzelne geartet ist; welche psychologischen Charakterzüge und geistigen Werte in ihm vorherrschen; in welcher Zeit und Umwelt er lebt, und welche Einflüsse er durch sie erfährt – in alledem liegt schon die Führung des vorsehenden Gottes.

Es kann aber auch sein – und eine richtige, auf die Mündigwerdung im Glauben angelegte christliche Erziehung müßte das erreichen –, daß es nicht zum Bruch mit dem Glauben der Kindheit kommt. Dennoch bringt die Krisis des Erwachsens immer eines mit sich: daß der Glaube, der vorher aus dem einfachen Zusammenhang der Familie und im unmittelbaren Mitvollzug ihres Glaubens gelebt hatte, nun umgebaut werden muß.

Der erwachsende Mensch muß ihn auf eigene Verantwortung übernehmen. Nicht mehr die Mutter, der Vater, der Lehrer, der Freund, die Umgebung dürfen die eigentlich Verantwortenden sein, sondern er selbst. Er ist es, welcher Christus und der Kirche gegenübersteht und von ihrem Wort angerufen ist, in seinem Gewissen, worin er von niemand vertreten werden kann.

Diese Aneignung dessen, was zuerst nur empfangen wurde; dieses Treten in eigenen Stand; dieses Herübernehmen der Verantwortungslast von fremden Schultern auf die eigenen – das alles kann ebenfalls harte Kämpfe und alle Erfahrungen der Unsicherheit, des Zweifels, das Verlassenseins, des Ringens und Gewinnens, Fassens und Entgleitens mit sich bringen.

Noch einen letzten Weg zum Glaubendwerden gibt es, vielleicht den schwierigsten: wenn einer wohl irgendwie gläubig, aber in einer religiös schlaffen Umgebung aufgewachsen ist; die Eltern nur äußerlich in religiöser Form und Überlieferung standen; Lehrer und Erzieher geichgültig waren; das Christliche nur als geschichtliche Erscheinung nahmen, oder das, was sie bekannten, nicht lebten. Da hat der junge Mensch wohl die Worte in sich aufgenommen, aber ohne lebendigen Inhalt. Er hat die Gedanken gelernt, aber keine Kraft empfangen. Zeichen und heilige Gestalten haben in seiner Welt gestanden, aber schattenhaft und unwirklich.

Oder in seiner Umgebung sind einander widersprechende Anschauungen gewesen, so daß er sich früh an mehrere Möglichkeiten des Religiösen gewöhnt und nicht gelernt hat, was Entscheidung und Unbedingtheit ist. Vielleicht hat sogar der eine Standpunkt den anderen ins Unrecht gesetzt, und er ist gegen jede klar benennbare und entschieden bekennbare religiöse Wirklichkeit skeptisch geworden.

Um diesen Glauben, der oft nur ein Scheinglauben war, zu zerstören, hat es keiner besonderen Erschütterungen bedurft. Er wurde irgendeiner praktischen Zweckmäßigkeit oder persönlichen Rücksicht geopfert – oder er zerrann; war eines Tages nicht mehr da. Und was zurückblieb, war nicht Sehnsucht oder innere Zer-

rissenheit, oder religiöses Schuldgefühl, oder das Bewußtsein, noch vor den eigentlichen Entscheidungen zu stehen, sondern Gleichgültigkeit und Skepsis.
Ein solcher Zustand ist wie verdorbener Boden, auf dem schwer Neues wächst. Gedanken, Worte, Gestalten, Motive sind matt und leer geworden; das ist schlimmer als offene Ablehnung oder völliges Nichtkennen. Dieser Boden muß oft lange Zeit brachliegen, bevor er wieder für den lebendigen Keim der Glaubenswirklichkeit aufnahmefähig wird.
Hier muß man Geduld haben und vertrauen, daß Gott sein Geschöpf nicht aus der Hand läßt. Er, der geschaffen hat, vermag auch neu zu schaffen. Er hat die Macht, den neuen Anfang zu geben, auch wo er unmöglich scheint.

Es mag nun gehen, wie hier angedeutet, oder wie immer sonst – der Wege zum Glauben sind so viele, als es Menschen gibt. Jedenfalls ist das, was als ein Vordringen und Durchkämpfen des Menschen erscheint, in Wahrheit ein Gerufen- und Geführt-Werden durch Gott. Gott aber ruft jeden Menschen als den, der er ist, und auf seinem besonderen Weg.
Im letzten bedeutet Gläubig-Werden immer das gleiche: daß sich vor dem Menschen, der zuerst ganz im eigenen Sein und in der eigenen Welt steht, eine andere Wirklichkeit erhebt; vor ihm oder in ihm, oder über ihm, oder wie man das ausdrücken mag. Eine andere Wirklichkeit; aus einer anderen Welt; von oben; von drüben. Diese Wirklichkeit, »das dort«, erstarkt; gewinnt Macht, der Wahrheit, des Guten, der Heiligkeit – und fordert, der Angerufene solle sie aner-

kennen. Der Entschluß, im Raum des eigenen Daseins die drübenstehende fremde Wirklichkeit freizugeben; die Selbstgenügsamkeit und Selbstherrlichkeit der eigenen Welt zu opfern, ist schwer. Er bedeutet eine Erschütterung und ein Wagnis. Christus hat gesagt: »Wer seine Seele behält, der wird sie verlieren; wer aber seine Seele hergibt, der wird sie finden.« Dieses ist das erste Verlieren der Seele: eine zweite Mitte anzuerkennen; ja anzuerkennen, daß drüben die eigentliche Mitte ist.

Und nun beginnt der Kampf der »beiden Mitten«. Lange bleibt es noch so, daß sie einander gegenüberstehen; daß die eine der anderen gleichsam den Lebensstoff wegzunehmen sucht, indem jede das Herz will, den Geist, die Kraft, das Blut an sich zieht. Der Fortgang des Glaubens bedeutet die Auseinandersetzung dieses Gegenüber: das wechselseitige Sich-Bedrohen, das Sich-Annähern und -Entfernen, die Spannungen und Lösungen – bis allmählich die beiden Mitten ineinanderwachsen und die christliche Existenz wird, die mit dem paulinischen Wort ausgedrückt werden kann: »Ich lebe, doch nicht ich, sondern Christus lebt in mir.«

Freilich, die Möglichkeit der Spannung bleibt. Denn immer ist Gott der Heilige – ich aber bin Sünder. Immer ist Christus der »von Oben«, vom Vater her Kommende, nie ins Menschliche Einzugleichende – ich aber bin Welt, die vom ersten Menschen her in Auflehnung steht. Dennoch wird eine wirkliche Einheit. Mensch ist nicht Gott, und Gott ist nie Mensch; dennoch liegt das Wesen der christlichen Existenz darin, daß der Mensch in Gott sei, und Gott im Menschen – dadurch, daß der

Christ in Christus ist. Das ist eine Einheit, für deren Tiefe die nur natürliche Erfahrung keinen Begriff bereitstellt.

Die christliche Liebe

Eine Auslegung von I. Kor. 13

In der Heiligen Schrift gibt es Texte von besonderer Kostbarkeit. Sie haben etwas Vollendetes wie ein Gedicht; so liest man sie immer wieder, spricht über sie und beruft sich auf sie. Das ist gut; solche Texte bilden gleichsam Punkte des Einverständnisses im christlichen Geistesleben. Dabei können sie aber auch Schaden leiden, abgegriffen werden, ins Alltägliche gleiten, kümmerliche oder schiefe Bedeutung annehmen. Vor solchen Texten hat der Ausleger vor allem die Aufgabe, ihnen ihre Größe und ihr Geheimnis wiederzugeben. Die Oberflächlichkeit des täglichen Gebrauchs erzeugt den Anschein, als sei das Wort Gottes bekannt, durchdrungen und ausgeschöpft. Es scheint »alt«, das heißt, in den Bestand der Welt, in den Zusammenhang des menschlichen Denkens aufgelöst. Das Wort der Offenbarung ist aber von Wesen »neu«, weil es von jenseits der Welt herkommt und niemals von ihr aufgesogen werden kann. Im wesentlichen weiß eine Generation deswegen, weil dreißig Jahre länger über ein Wort der Schrift nachgedacht worden ist, nicht mehr als die vorausgehende. Für jede Generation, für jeden Menschen, für jede Stunde ist Gottes Wort nur in der Form des Offenbartwerdens da. Das heißt aber, daß es durch nichts Vorausgehendes leichter verständlich gemacht wird, vielmehr zu jeder Zeit und durch jeden Menschen aus der innersten Bereitschaft des Glaubens verstanden werden muß. Diese Neuheit herzustellen ist die erste und vornehmste Aufgabe der Auslegung.

Ein Text, der einer solchen »Wiederherstellung in der Neuheit« besonders bedarf, ist das dreizehnte Kapitel des ersten Briefes an die Korinther. Man hat es das Hohelied der Liebe genannt, hat es unter den verschiedensten Gesichtspunkten behandelt, pflegt es bei allen erdenklichen Gelegenheiten anzuführen, und dabei ist es ihm denn auch schlimm ergangen. Man hat es moralisch genommen, und es hat dabei seine ganze Lebendigkeit verloren. Man hat es gefühlsmäßig genommen, und es ist sentimental und unernst geworden. Man hat es mit anderen Texten verglichen, die über die Liebe handeln, vor allem mit Platon; es dabei entweder so nahe an diesen herangerückt, daß Platon zum halben Christen und Paulus zum halben Heiden wurde, oder aber den griechischen Philosophen zum Maßstab genommen und festgestellt, wie kümmerlich die Liebesgedanken des christlichen Apostels seien.

Es muß also gefragt werden, was der Text eigentlich meint. Und zwar liegt der erste Zugang in einer sehr einfachen Tatsache: daß dieses dreizehnte Kapitel nämlich zwischen dem zwölften und vierzehnten steht. Das klingt töricht, denn wo sollte es sonst stehen; der Sachverhalt scheint aber selten beachtet zu werden. Das Kapitel ist gar nicht so in sich geschlossen, wie es meistens gesehen wird, sondern hängt mit den beiden benachbarten unlöslich zusammen und bekommt erst von ihnen her seinen Sinn. Diese handeln nämlich von den frühchristlichen Geistesgaben, und mit Beziehung auf sie wird das Wesen der Liebe bestimmt.

I.

Als der Sohn Gottes zu uns kam, geschah das in der stillen Weise der Geburt. Das Kommen des Geistes geschah anders: im Charakter des Einbruchs und der Erschütterung. Wie ein Sturmwind kam er aus der Entrücktheit Gottes zu uns herüber. Das Haus wurde von seinem Brausen erfüllt. Flammen brannten auf. Die Menschen wurden gepackt, gerüttelt, überströmt. Und noch in einer anderen, eigentümlichen Erscheinung tat sich die Gewalt des Ereignisses kund. Die Apostelgeschichte erzählt nämlich: »Da wurden alle voll Heiligen Geistes und fingen an, in anderen Sprachen zu reden, wie der Geist es ihnen auszusprechen gab, so daß Pilger, die aus den verschiedensten Ländern in Jerusalem zusammengekommen waren, voll Staunen sagten: ›Wir hören sie in unseren Sprachen von den Großtaten Gottes reden‹.« (Apg. 2, 4.11) Nehmen wir andere Stellen hinzu, dann dürfte die Erscheinung wohl so zu verstehen sein: Die Jünger sind durch die Gewalt der Geistesmacht gepackt, erfahren eine innere Umwandlung; die Fülle der Wirklichkeit Christi geht ihnen auf; die Herrlichkeit Christi erschüttert sie. Sie wissen sich nicht zu fassen und strömen das ungeheure Erleben in abgebrochenen Worten und Ausrufen, vielleicht auch nur in einem Stammeln aus. Die von den Anwesenden nun, welche bereit sind und sich

dem Geschehen öffnen, werden von der gleichen Geistesmacht so weit ergriffen, daß sie mit den Redenden ins Einvernehmen kommen, und das Ohr ihrer Sprache versteht, was jene meinen – die hingegen, die sich verschließen und widerstehen, hören nur ein sinnloses Gestammel, »höhnen und sagen: ›Sie sind voll süßen Weines!‹« (2, 13)
Der Ausbruch des Geistes beschränkt sich aber nicht auf diese Stunde. Wenn der Sturm ausbricht, kommen immer neue Stöße nach. Die Apostelgeschichte erzählt, daß die ersten Gemeinden von dieser Erfahrung ganz erfüllt waren. Sooft ein besonderes Ereignis eintrat, etwa eine große Gefahr abgewendet wurde, oder Menschen in bedeutungsvoller Weise zum Glauben kamen, aber auch wenn die Apostel neu Aufgenommenen die Hand auflegten, »fiel der Geist auf sie« und erfüllte sie mit seiner Macht. Im Leben der frühen Gemeinden zeigten sich die verschiedensten Wirkungen dieses Geisteswaltens. Ja sie waren zuweilen so stark, daß darüber das Wesentliche, nämlich die stille Antwort, welche Glaube und tägliches Tun dem Wort der Offenbarung geben, im Bewußtsein der Gläubigen überdeckt wurde.

Von solchen Geistesgaben werden verschiedene genannt. Die auffälligste war jenes »Sprechen in Zungen«, von dem soeben die Rede war. Dann gab es die Prophetie, in welcher ein Gläubiger von einer Heilswahrheit derart gepackt wurde, daß er sie in mächtiger, erschütternder Weise verkündete; die Durchschauung des anderen, welche dessen Seelenzustand bloßlegte; die Weisheit, die den verborgenen Sinn der

Dinge verstand; die Gabe des Glaubens, worin dieser etwas Machthaftes bekam, Kranke heilte oder andere Wunder vollbrachte.

Diese Geistwirkungen machten das religiöse Leben der frühen Gemeinden außerordentlich stark. Sie hoben den Unterschied, der zwischen dem Alten und dem Neuen bestand, scharf hervor, vergewisserten den Glaubenden, überzeugten den Fremden, wirkten wie Funken, die einen Brand weitertragen. Zugleich lag in ihnen aber auch die Gefahr alles Außergewöhnlichen: daß sich Motive unguter Art, wie Eitelkeit, Geltungsbedürfnis, Eifersucht, Neid mit ihnen verbanden; die christliche Haltung ins Enthusiastische, Rauschhafte, fast möchte man sagen Dionysische abglitt; die Wirklichkeit und ihre Ordnung, das tägliche Glauben und Tun zurücktrat, und alles irgendwie ins Phantastische geriet. Diese Gefahr hat sich denn auch tatsächlich nicht selten verwirklicht, und die Apostel haben sich gegen sie wenden müssen; jedenfalls wissen wir das von Paulus, und zwar mit Bezug auf die Gemeinde in Korinth.

Der Name dieser Stadt hatte einen besonderen Klang. Sie war als sehr kultiviert und unzuverlässig, genußsüchtig und nach neuen Reizen lüstern bekannt. Wenn ein Mensch Christ wird, bekehrt er sich, wird aber nicht umgezaubert. Sein Herz wird von der Botschaft berührt, und sein Wille entschließt sich zum Gehorsam; nach Anlage und Eigenart bleibt er aber der Mensch, der er war. So hatte die Gemeinde von Korinth sicher den guten Willen einer christlichen Gemeinde. In ihr war sogar, Zeichen echter religiöser Ergriffenheit, die Fülle der Geistesgaben; der Brief des

Apostels zeigt es; die Menschen waren aber auch als Christen Korinther. So lesen wir zum Beispiel, daß bei ihnen besonders ernstliche sittliche Schwierigkeiten bestanden und daß sie dem Apostel gegenüber Kritik und Spottlust zeigten. Bei ihnen haben sich denn auch mit den Geistesgaben mancherlei ungute Nebenmotive verbunden. Es scheint sich eine Art Virtuosentum der religiösen Außerordentlichkeit herausgebildet zu haben, und mit ihm Eifersucht und Neid auf einem Gebiet, auf das sie am allerwenigsten gehörten. Auch der griechische Trieb zum religiösen Rausch, zum Aufgehen im Unpersönlich-Dionysischen hat sich offenbar geltend gemacht. So hat sich ein seltsamer Zustand herausgebildet: starke charismatische Erfahrungen, von denen aber nicht klar war, ob sie wirklich christlich seien und nicht nach anderen Seiten abglitten; hochentwickelte religiöse Begabungen, die sich aber um die einfachsten Lebenserfordernisse der Gemeinde nicht kümmerten und in der täglichen Pflicht versagten.
Gegen alles das wendet sich Paulus im zwölften und vierzehnten Kapitel des Briefes, von dem wir sprechen; das dreizehnte aber steht mitten zwischen ihnen und bildet den Kern des ganzen Gedankengangs.

II.

Das zwölfte Kapitel beginnt mit den Worten: »Was aber die Begeisteten angeht, ihr Brüder, so will ich euch nicht ohne Belehrung lassen. Ihr wißt aus eurer Heidenzeit, daß die stummen Götzen es waren, zu denen es euch in blindem Drange hinriß. Darum erkläre ich euch: Sowenig einer sprechen kann ›Fluch sei Jesus‹

und wirklich im Geiste reden – sowenig kann einer zu ihm sprechen ›Herr‹, es sei denn im Heiligen Geiste.« (1–3)

Die Sätze enthüllen die ganze Gefahr. Die Gemeinde ist voll religiöser Kräfte und Erlebnisse. Der Apostel sieht aber, daß es unklare Dinge sind, und gibt ihr, was im religiösen Leben so wichtig ist, den Maßstab der Unterscheidung. Er sagt: Nicht religiöse Erlebnisse sind das Eigentliche; die habt ihr auch früher schon bei Götterfesten und Mysterien gehabt. Bloßes religiöses Erleben ist vieldeutig; es bekommt seinen Charakter erst in der Entscheidung vor dem Wort und Willen Gottes, das heißt aber vor Christus. Eine religiöse Äußerung mag so mächtig, so glühend, so überzeugend sein wie sie will – wenn sie sich in irgendeinem Sinne wider Christus wendet, ist sie nicht von Gott. Wenn aber umgekehrt eine religiöse Äußerung im Bekenntnis zu Christus – im Ruf: »Du, Christus, bist der Herr, der auferstandene Erlöser« – gipfelt, kann sie nur von Gott sein.

Die Worte fallen wie ein aufhellender und scheidender Strahl in ein religiöses Chaos.

Die nächsten Verse, 4–11, geben die erschöpfendste Schilderung, welche das Neue Testament über die urchristlichen Charismen enthält. Vor der Aufzählung aber, sowohl wie nach ihr betont Paulus, daß wohl »Unterschiede der Gnadengaben bestehen«, aber »ein Geist es ist ... der alles in allen wirkt ... und einem jeden die besondere Gabe zuteilt, die Er will.« Der Gedankengang richtet sich also gegen jene, die aus der Geistesbegnadung eine Eitelkeit und Eifersucht machen.

Dann folgt der große Gedankengang, 12–30, in welchem Paulus die Erscheinung der Gnadengaben aus seiner Lehre vom mystischen Leib Christi beurteilt. Die Gläubigen sind nicht nur äußerlich aufeinander bezogene Einzelwesen, sondern bilden eine lebendige Einheit, die Kirche. Ein einziges Gesamtleben umfaßt sie alle; darin bildet jeder ein Glied – eine Zelle, würden wir heute sagen. Wie jede Zelle ihre besondere Funktion hat und eben darin dem Ganzen dient, so auch jeder Gläubige im Gesamtzusammenhang des christlichen Daseins. Der Geist ist das Lebensprinzip der Kirche, aber auch jedes einzelnen. Er gibt diesem seine besondere, auf das Ganze bezogene Lebendigkeit. Die Charismen sind Äußerungen davon; dem Begnadeten nicht für sein privates Dasein, sondern für das Gesamt anvertraut. So verkehrt er ihren Sinn, wenn er auf sie eitel wird oder anderen die ihren neidet oder eine Gabe vor der anderen herabsetzt. Sollte aber schon eine geringer sein, dann wäre das nur ein Grund, sie mit um so größerer Rücksichtnahme zu behandeln. Die Außerordentlichkeit der Gnadengaben wird also in eine Ordnung gestellt, nämlich den Zusammenhang des christlichen Gesamtlebens; der einzelne Begnadete aber wird angehalten, dem anderen in Achtung und Wohlwollen zu begegnen.

Das vierzehnte Kapitel nimmt die Frage der Gnadengaben wieder auf, ebenfalls unter dem Gesichtspunkt des christlichen Gesamtlebens. Das Bild, das die Darstellung trägt, ist aber nun nicht das vom Leib und seinen Gliedern, sondern von der versammelten Gemeinde. Paulus stellt seinen Hörern vor, die Gläubigen sind anwesend und die einzelnen üben ihre charismatischen Kräfte. Wer wird nun der Gemeinde mehr nützen: der in Zungen redet oder der prophetisch erleuchtet ist? Jener wird von den übrigen nicht verstanden, es sei denn, sie würden selbst vom gleichen Geist erfaßt. In ihm spricht nur sein Inneres, sein »Geist«; sein »Verstand« hingegen leistet nichts. (14) Die Ergriffenheit bleibt im unmittelbaren Erleben, tritt aber nicht in Gedanke und Wort. Die Wirkung ist, daß der Danebenstehende nicht »sein Amen zu dessen Danksagung sprechen« kann, keine Gemeinschaft zustande kommt. Die Gabe der Weissagung hingegen richtet sich auf das Wort und nimmt das Denken in Anspruch. So vermag der prophetisch Begabte Wahrheit kundzutun und das Verborgene der Herzen zu öffnen; die Wirkung ist, daß der, den es angeht, »auf sein Antlitz fällt und Gott anbetet«.

Wenn aber die vom prophetischen Geist Ergriffenen sprechen, dann soll es nicht in ungeordneter Weise geschehen, etwa so, daß viele zugleich reden, »denn Gott ist kein Gott der Unordnung, sondern des Friedens«. (33) Sie sollen »nacheinander weissagen, damit alle lernen und ermahnt werden«. (31) Ist aber ein Wort unverständlich, dann muß dafür gesorgt werden, daß »einer es auslege«. (27)

Aus alledem die Folgerung: »Hindert das Zungenreden nicht«, doch »trachtet nach der Gabe der Weissagung«; im übrigen aber »geschehe alles in guter Sitte und Ordnung«. (39–40) Geistesgaben sind in sich gut, denn der Geist wirkt sie; so sollen sie auch freie Hand haben. Sie sollen aber in das Leben der Gemeinde eingefügt sein und dieses Leben fördern. Ihr Wert untereinander bemißt sich nicht nach dem Ansehen, das der einzelne durch sie haben mag, sondern nach dem Nutzen, den sie der Gemeinde bringen. Je klarer, hilfreicher, fruchtbarer, desto besser. Zugleich wird deutlich, daß zwar die Gabe vom Geist kommt, der Mensch aber doch einen gewissen Einfluß hat, indem er um diese statt um jene bittet; vielleicht auch ihre innere Entwicklung mäßigt oder fördert. So sagt Paulus: »Mühet euch also um die besseren Gnadengaben« (12, 31) – und wieder: »Möget ihr also nach den Geistesgaben trachten, am besten aber nach jener der Weissagung«. (14, 1)

III.

Mit diesen beiden Sätzen endet das zwölfte und beginnt das vierzehnte Kapitel. Zwischen ihnen steht das dreizehnte von der Liebe.

Wie es gemeint ist, wird deutlich, sobald man die zweite Hälfte des vorausgehenden Werkes (12, 31) noch zu ihm zieht. Sie lautet: »Doch ich will euch einen Weg zeigen, der über alles das hinausführt.« Dann geht es weiter: »Wenn ich mit den Zungen der Menschen und der Engel rede, aber keine Liebe habe, so bin ich ein tönendes Erz oder eine schallende Zimbel. Und wenn ich die Gabe der Prophetie habe und alle Geheimnisse weiß und alle Erkenntnis und wenn ich allen Glauben habe, so daß ich Berge zu versetzen vermag, aber keine Liebe habe, so bin ich nichts. Und wenn ich alle meine Habe als Bissen [für die Hungernden] austeile und meinen Leib zum Verbrennen dahingebe, aber keine Liebe habe, so nützt es mir nichts.«

Hier werden – an Stelle aller – einige Geistesgaben wieder aufgenommen und ihr Sinn wie ihr Unsinn von einem Punkt her aufgezeigt, der in den beiden benachbarten Kapiteln vorbereitet ist und ausklingt, nämlich der Liebe. Ein Mensch kann die Gabe des Zungenredens haben; ja – und nun geht der Gedanke in paulinischer Fülle über seinen ersten Ansatz hinaus – er kann die Gabe haben, in den Sprachen aller Menschen, selbst der höheren Wesen, der Engel, zu reden: hat er keine Liebe, dann ist das alles ein leerer Lärm. Erst die Liebe gibt dem Reden seinen Sinn; ohne sie ist es leer ... Ein Mensch kann die Gabe der Prophetie haben, verborgene Zusammenhänge erkennen, den geheimen Sinn der Dinge schauen, das Innere des Menschenherzens zu enthüllen vermögen: ohne die Liebe ist alles nichts ... Ein Mensch kann die Gabe der Erkenntnis – das heißt wohl, tiefe, aus innerer Erfahrung hervorgehende Einsicht in die heilige Wahrheit haben: ohne die Liebe ist es nichts ... Ein Mensch kann das Charisma des Glaubens haben – offenbar so zu verstehen, daß der Glaube den Charakter der Macht bekommt und des Wunders fähig wird: auch er ist nichts ohne die Liebe ... Ein Mensch kann den geistgewirkten Enthusiasmus der Selbstaufopferung haben, so daß er sich für den Nebenmenschen opfert und alles für ihn wegschenkt; oder für Gott, und sich mit glühender Begeisterung in das Martyrium wirft, wie es einst die makkabäischen Brüder getan: auch das ist nichts, wenn es ohne Liebe geschieht.

Diese Sätze sind überaus wichtig. Sie sagen, daß es großgebaute, heroische, anscheinend ganz selbstlose Handlungen gibt, deren Sinn aber vor Gott durchaus dahinsteht. Sie können auch Formen der Torheit oder Selbstsucht sein, ein »Nichts« also vor den eigentlichen Maßstäben – dann nämlich, wenn sie nicht aus der Liebe hervorgehen. Erst, wenn letzteres der Fall ist, sind sie »etwas« und haben Wert vor Gott. Es gibt sogar Handlungen unzweifelhaft religiösen Charakters: Erfahrungen, die sich, wie Weissagung, religiöse Erkenntnis, zur Macht gewordener Glaube, als fromm und gültig zu bezeugen scheinen und dennoch mehrdeutig sind. Auch sie können ein »Nichts«, leeres Spiel der Selbstauswirkung und des Selbstgenusses sein, wenn sie nicht aus der Liebe hervorgehen. Erst aus dieser bekommen sowohl ethische Größe wie religiöse Mächtigkeit ihren Sinn vor Gott.

Hier kehrt also unter einem besonderen Gesichtspunkt wieder, was zu Beginn des zwölften Kapitels gesagt worden ist. Innerweltliche Werte wie seelische Kraft, Begeisterung des Herzens, religiöse Erfahrung und Mächtigkeit brauchen an sich noch nicht gut zu sein. Sie stehen in der Fragwürdigkeit der Welt, und ihre letzte Bestimmung erfolgt erst von der Liebe her. Deren Sein oder Fehlen gibt allem den letzten Charakter. So warten wir mit Spannung, wie denn nun das Wesen der Liebe bestimmt wird.

IV.

»Die Liebe ist geduldig; die Liebe ist gütig; die Liebe kennt keinen Neid. Sie ist nicht eitel; sie bläht sich nicht auf; sie verletzt die Sitte nicht; sie sucht nicht ihren eigenen Vorteil; sie läßt sich nicht verbittern; sie trägt nichts Böses nach; sie freut sich nicht über das Unrecht, wohl aber hat sie Mitfreude über das, was recht ist. Alles glaubt sie; alles hofft sie; alles duldet sie«.

Wir müssen eingestehen, daß wir überrascht, sogar ein wenig enttäuscht sind. Soll die Liebe, von der mit solchem Nachdruck gesprochen, und in welcher die sinngebende Macht von allem gesehen worden ist, nicht mehr sein als das? Was da von der Liebe gesagt wird: daß sie geduldig, gütig, neidlos, ohne Eitelkeit und Selbstüberhebung sei, sittsam, selbstlos, beherrscht, zur Vergebung bereit, ohne Freude am Bösen, aber fähig, sich am Guten mitzufreuen – sind das nicht ganz alltägliche Tugenden? Bei näherer Überlegung sehen wir aber, daß gerade hierin der Sinn der ganzen Gedankenführung liegt. Die Charismen sind Erscheinungen einer religiösen Ungewöhnlichkeit, die vielleicht auch mit natürlicher Begabung, mit Genialität oder Heroismus zusammenhängt; ihr wird die Liebe als das Eigentliche gegenübergestellt, und zwar in der Gestalt schlichter Wahrheit, Güte und Treue des Lebens. Jenes Ungewöhnliche kann zum Bereich des bloßen Erlebnisses, der Phantasie, ja der Eitelkeit gehören und eben damit ein »Nichts« sein, leer in sich selbst und ohne Kraft, die Wirklichkeit zu meistern. Ihm wird die Liebe entgegengestellt; und zwar in einer Form, die nichts von Begeisterung, Glut, Genialität an sich hat, dafür aber »Etwas« ist, Wirklichkeit. Wirklichkeit in sich selbst, weil rein im Wert und echt im Akt; und wirklichkeitsmächtig in der Welt, weil fähig, das Leben, wie es ist, zu meistern.
Die Liebe wird geradezu als die christliche Nüchternheit gezeigt. Eine Nüchternheit aber, die nichts mit

Dürre des Herzens oder Enge des Geistes zu tun hat. Wenn sie den Charismen ihren Sinn gibt, muß sie selbst aus dem Herzen Gottes, aus dem Walten des Heiligen Geistes stammen. Sie muß Maß in der Fülle, »nüchterne Trunkenheit des Geistes« sein, wie der alte Hymnus sagt. Eine Haltung, die in ihrer klaren Beherrschtheit, ihrer Treue und Kraft über allen Vergleich tiefer und reicher ist als alles Außergewöhnliche.
Im letzten Satz bricht denn auch das Gewaltige, Allhafte, das durch die anderen Aussagen eingehüllt worden war, durch: die Liebe »trägt alles« – an anderer Stelle sagt Paulus, daß »der eine des anderen Last trägt«, seine Not, seine Schwäche, seine Lästigkeit. Die Liebe »glaubt alles«; da es sich um ein Glauben mit Bezug auf den anderen Menschen handelt, sagen wir vielleicht besser, sie »traut alles Gute zu«, ermutigt mit ihrem gläubigen Vertrauen, was in andern an lebendiger Möglichkeit ist. Sie »hofft alles«; alles Gute für den anderen und alles Schöne von ihm. Sie »duldet alles«: alle Schmerzen, die vom anderen Menschen kommen.

V.

»Die Liebe vergeht nicht. Weissagungen gehen dahin, Sprachengaben hören auf, Erkenntnis wird zunichte. Denn Stückwerk ist unser Erkennen, Stückwerk unser Weissagen; wenn aber das Vollkommene erscheint, ist es mit dem Stückwerk vorbei. Als ich ein Kind war, redete ich wie ein Kind, fühlte ich wie ein Kind, dachte ich wie ein Kind. Wie ich dann zum Manne wurde, legte ich ab, was des Kindes ist.

So schauen wir denn jetzt im Spiegel und darin nur Rätselgestalten; einst aber von Angesicht zu Angesicht. Jetzt ist mein Erkennen Stückwerk; einst werde ich im ganzen erkennen, so wie auch ich selbst erkannt bin.
Nun denn: bleibend sind Glaube, Hoffnung, Liebe, diese drei. Das Größte unter ihnen aber ist die Liebe«.

Der erste Abschnitt des Kapitels hat gesagt, daß die von den Empfängern des Briefes so sehr überschätzten Geistesgaben ihren Sinn nicht in sich selbst, sondern in der Liebe haben. Sie ist die Wesensmitte. Der zweite Abschnitt hat – ebenfalls im Gegensatz zum Charakter der Außergewöhnlichkeit der Geistesgaben – das Wesen der Liebe in der Redlichkeit und Wirklichkeitsnähe des täglichen Tuns gesehen. Auch im dritten Abschnitt wird die Liebe den Gnadengaben entgegengestellt, nun aber als das Bleibende, während jene vergehen: »Die Liebe vergeht nicht«.
Die Gnadengaben gehören zum irdisch-vergänglichen Dasein. Die Prophetie hat ihren Sinn, solange unser Leben sich in der Verschlossenheit vollzieht: der Zeit, des Ortes, der verborgenen Innerlichkeit. Dafür ist es sehr bedeutungsvoll, wenn der Prophet die Gabe hat, zu verkünden, was einst geschehen wird; den an einem bestimmten Ort Anwesenden zu sagen, was sich in der Ferne zuträgt; den Menschen, der seine wahre Meinung vor den anderen, vielleicht sogar vor sich selbst verbirgt, so zu enthüllen, wie er wirklich ist. Das alles aber in bezug auf die Heilige Geschichte, die sich in der Zeit zuträgt; denn der Prophet schaut das geheime Walten, mit dem Gott sie fügt, und deutet aus

ihm, was jeweils geschieht. Diese Leistungen verlieren aber ihren Sinn, sobald mit dem Ende der Dinge, der Welt sowohl wie des einzelnen Menschenlebens, alles in die ewige Offenheit tritt.

Auch das Reden in Zungen ist an die Verschlossenheit des irdischen Daseins, an die Unzulänglichkeit der Sprache gebunden. Der Mensch kennt Gott nicht. Zwischen ihm und dem Lebendigen liegt die Stumpfheit seines irdischen Wesens. Seine Diesseitigkeit trennt ihn von dem Geheimnisvollen und Entrückten. Seine Sünde macht ihn blind für den, welcher der Heilige ist. So bleibt seine Gotteserfahrung unzulänglich, unsicher und vieldeutig. Wenn aber der Geist den Menschen heimsucht, dann steht er Gott in der Unmittelbarkeit der Erfahrung gegenüber und weiß, wer Er ist. Doch kann er es nicht sagen. Im Zungenreden versucht er vergeblich, die Schranken niederzulegen; »wohl ist es eine Sprache, aber in die Luft gesprochen«, weil niemand sie versteht. (14, 9) Es ist ein »Beten«, ein Gottesverkehr, in welchem wohl »mein Geist betet, mein Verstand aber nichts ausrichten kann«. (14, 14) Alles bleibt in der Unaussprechlichkeit der unmittelbaren Berührung und gelangt nicht ins Wort. Mit dem irdischen Dasein verliert auch diese Gabe ihren Sinn.

Verschwinden wird auch die charismatische Erkenntnis. Der Mensch wird vom Verlangen nach Wahrheit getrieben – aber einer Wahrheit, die nicht nur in der Erfassung des Tatbestandes, in der Anschauung des Wesens und im Verständnis der logischen Zusammenhänge besteht. Er möchte wissen, was da vor ihm ist; warum es so ist und wohin es führt; wie es aus dem Ganzen kommt und wie es in sich selber steht. Er möchte die Tatsache aus dem Wesentlichen und das Zeitliche aus dem Ewigen verstehen. Er möchte das Endgültige erfassen, wonach keine Frage mehr übrigbleibt, sondern alles in der Offenheit der Wahrheit liegt. Das kann er aber nicht, weil auch hier das Dasein verschlossen ist. Die Gabe der Weisheit muß etwas von diesem Letzten an sich gehabt haben; aber nur so, daß der Geist es berührte und es wieder verlor. Wenn die Stunde vorüber war, konnte der Mensch nur sagen, »ich habe es gehabt, aber jetzt ist es fort«. Mit dem Ende des irdischen Lebens tritt alles in reine Gegenwärtigkeit. Da ist das Wesen offen in der Erscheinung; der Sinn wird an jeder Stelle des Seins angeschaut; Tatsache und Notwendigkeit antworten einander. Die Wahrheit ist zum Zustand geworden, und das Charisma hat keinen Sinn mehr.

Und nun geht der Gedanke des Apostels weiter: von der charismatischen Erkenntnis zur Erkenntnis überhaupt. Das Erkennen im Geiste ist Stückwerk, die Prophetie ist Stückwerk – Stückwerk aber auch unser Erkennen überhaupt. Es gehört zu unserem irdischen Dasein wie die Erkenntnisweise des Kindes zu seinem Alter. Das Kind hat seine Art des Sprechens, des Fühlens, des Denkens; sobald es erwachsen ist, hört das alles auf, und die Art des Mannes beginnt. Der ganze Mensch auf Erden ist nur ein Kind. Nie erlangt er jene Reife der Wahrheit, die darin besteht, Ganzes und Einzelnes in ihrer Beziehung und beides in der Offenheit zu sehen. Immer sieht er nur Teile, Stücke – und er sieht sie unklar, in sich selbst versteckt. Das aber darum, weil er das Eigentliche nicht unmittelbar, sondern nur im Widerschein sieht. Die Dinge stehen nicht in sich selber, sondern wurzeln in einem anderen, Eigentlichen, Ewigen. Um sie richtig zu erkennen, müßten wir sie in ihrer eigentlich-ewigen Wurzel auffassen; sie kommt uns aber nie vor die Augen. Es ist so, wie wenn ein Mensch das Ding, das ihn beschäftigte, nicht umittelbar, sondern nur im Spiegel anblicken könnte; der Spiegel aber noch dazu dunkel und ungleich wäre, so daß die Gestalt schwankend und zerrissen erschiene. Das wird einst anders sein. Das Schauen wird »von Angesicht zu Angesicht« gehen. Das Wort ist so lebendig, daß wir nicht gleich merken, was Großes es sagt: daß nämlich jenes Eigentliche, das zu erkennen allein endgültig lohnt, und in dem alles übrige seine Wahrheit hat, ein »Angesicht« ist. Es ist Gott, Er, den wir überall nur in dunklen, unklaren, mehr verhüllenden als offenbarenden Spiegeln sehen. Einst wird Er uns offen anschauen, und von unserem Angesicht wird die Hülle weggenommen werden, so daß es sich ihm frei zuwenden kann. Auch in jedem Ding wird das Angesicht Gottes aufleuchten, und aus diesem Angesicht wird jedes seine Wahrheit empfangen – jene Wahrheit, die darin besteht, Inhalt Seines ewigen Erkennens zu sein, und die macht, daß wir überhaupt etwas vorfinden und erkennen können. All unser Erkennen steht im Raum des Erkennens Gottes. Ja der kleine Satz enthält noch mehr; was nachher folgt, zeigt es. Das »Angesicht«, mit welchem der Mensch in das Antlitz Gottes schauen wird, trägt er nicht fertig an sich. Es ist nicht so, daß er hier auf Erden in den Spiegel schauen müßte, dann aber sich einfach umwenden und das heilige Antlitz anblicken könnte. Als

»Angesicht«, als »Auge« ist er genauso verborgen, verworren und innerlich zerbrochen wie der Spiegel der Dinge. Wenn er aber auf Erden dem sich offenbarenden Gott geglaubt und in der Verhülltheit des Erdendaseins ausgeharrt hat, wird ihm einst jenes Angesicht gegeben werden, das sich Gott zuwenden kann, und mit dessen Auge wird er »erkennen, so wie auch er selbst erkannt ist«. Was die Wahrheit grundlegt, ist das Erkennen Gottes. Der Anfang allen Erkennens liegt in ihm. Es bildet die Voraussetzung dafür, daß ein Ding erkannt werden kann, und gibt dem Menschen die Möglichkeit, es zu erkennen. Die Tatsache, daß Gott alles erkennt; daß alles Seiende ein von der Wurzel her durch Gott Erkanntes ist, ist jetzt verborgen. Wir sagen es uns, halten es uns vor, erfahren es aber nicht. Die Dinge stehen wie verschlossene Rätselgestalten, wie dunkle Seinsklumpen da. Das Erkennen scheint erst dann zu beginnen, wenn der Mensch vor sie gelangt; sie selbst in ihrem Sein scheinen damit nichts zu tun zu haben. Für unser Gefühl könnte die Welt sein, auch wenn niemand sie erkennt, so wie die stummen Eiswüsten um die Erdenpole da sind, auch wenn kein Blick auf sie fällt. Einst wird aber klarwerden, daß noch vor dem Sein der Dinge ihr Erkanntsein steht; daß sie niemals unerkannt waren, weil sie sonst nie hätten sein können. Das Sein der Dinge ist eine Frucht von Gottes Erkenntnis. Und daß sie mit ihrer Tatsächlichkeit und Wesenhaftigkeit in unserem Geist aufgehen, ist nur möglich, weil sie ganz und gar in der Erkenntnis Gottes stehen. Alles existiert aus Gottes Erkenntnis, aber wir fühlen es nicht. Darin besteht die Verschlossenheit des Daseins; der Schein, die Welt sei Anfang und stehe in

sich selbst; ein Anfang bloßen Seins, auf den dann später, vielleicht, in unendlicher Bemühung, in langsamem Vordringen, das Erkennen durch den Menschen folgt. Dieser Schein ist ein Stück der Sünde. Einst wird er abfallen, und es wird offenbar werden, daß die Welt nur aus der Erkanntheit durch Gott heraus besteht – die Welt, und auch wir selbst. Ich werde innewerden, daß ich nur bin, weil Gott mich erkennt. Mein Erkanntsein von Gott ist meine Wahrheit. Und in dem Maße werde ich wirklich, als mein Leben und Tun mit dem Erkennen Gottes ins Einvernehmen gelangt. Und in dem Maße ist meine Erkenntnis wahr, als sie mit dem göttlichen Erkennen übereinstimmt ... Nun verstehen wir das Ungeheure des Satzes: »Einst werde ich im ganzen erkennen, so wie auch ich selbst erkannt bin«. Ich werde Anteil bekommen an dem Blick, den Gott auf mich richtet, und diesen Blick auf Gott zurückwenden. Aus dem Erkennen Gottes werde ich sein heiliges Antlitz erkennen, und darin alle Dinge.
Das wird die Ewigkeit sein, das Eigentliche und Unvergängliche. Alles andere wird vergehen. Auch die Gnadengaben, welche dem, der sie empfängt, so mächtig, so glühend und allerfüllend erscheinen – ihm selbst sowohl wie dem, der sie ihm neidet. Einst wird nichts sein als die reine Klarheit, die stille Echtheit, die vollkommen erfüllte Gegenwärtigkeit dieses »von Angesicht zu Angesicht«.
Der letzte Satz hat einen übergehenden Sinn. »Nun denn, bleibend sind Glaube, Hoffnung, Liebe, diese drei. Das Größte unter ihnen ist die Liebe.« Man sieht nicht ohne weiteres, was die Worte »nun denn, bleibend sind ...« meinen. Paulus hat ein leidenschaftli-

ches Denken. Darin arbeitet und drängt es, so daß das nämliche Wort manchmal in sich selbst eine erste und schon wieder eine zweite Bedeutung hat. Zunächst meint das »Bleiben« den Unterschied zur Vergänglichkeit des Daseins. Alles Irdische vergeht, auch die Charismen; Glaube, Hoffnung, Liebe aber sind Kräfte, welche in die Ewigkeit reichen. Vom Heiligen Geist geschenkt, wie jene; doch nicht, um in der Verschlossenheit der Zeit zu helfen und mit ihr wegzufallen, sondern schon jetzt beginnende Ewigkeit, die sich einst vollenden wird. Dann aber drängt sich ein zweiter Gedanke auf: auch Glaube und Hoffnung sind an die Zeit gebunden. Von letzterer sagt der Römerbrief: »Denn nur in Hoffnung sind wir gerettet; Hoffnung aber, [deren Gegenstand] man sieht, ist keine Hoffnung. Sobald man [ihn] sieht, wozu sollte man dann noch hoffen? Wenn aber unsere Hoffnung [wirklich] auf das geht, was wir noch nicht sehen, so lasset uns harren in Geduld.« (8, 24–25) Der gleiche Gott, der die Charismen gibt, ist es, der auch die Kraft dieses Hoffens, nämlich die Geduld bewirkt. Einst wird sie aber nicht mehr nötig sein. Auch der Glaube wird in einem Dasein, worin der Blick »von Angesicht zu Angesicht« geht, verschwinden – zugleich mit dem Spiegel und seinem Rätsel. So löst Paulus aus der Dreiheit jener Gaben, die sich den Charismen gegenüber als die »bleibenden« erweisen, schließlich eine als »die größte« heraus, nämlich die Liebe. Ihre Größe aber besteht darin, daß sie, wie der Beginn des Abschnittes sagt, »nie vergeht«, vielmehr im endgültigen Sinn »bleibend« ist.

Nun wird der letzte Maßstab deutlich, an welchem

Paulus die Äußerungen des christlichen Lebens mißt: an der Kraft, der Vergänglichkeit zu widerstehen; an der Nähe zur Ewigkeit. Die Charismen sind ganz vergänglich. Sie gehören der Zeit und ihrer Verschlossenheit an. Wenn man ihn daraufhin fragte, würde Paulus sogar zugestehen, daß sie nicht einmal für den Fortgang der christlichen Geschichte als Ganzes wesentlich, sondern an eine bestimmte Periode in ihr gebunden sind. Sie sind Äußerungen des Durchbruchs mit seiner Überschwenglichkeit; Erscheinungen der christlichen Jugendzeit, die verschwinden, sobald das mündige Alter mit seiner Herbheit und seinem Alltag beginnt. Diese Seelenverfassung kann in Zeiten geschichtlicher Wenden wiederkehren, aber ebenso vorübergehend wie am Anfang ... Demgegenüber haben Glaube und Hoffnung den Charakter des Wesentlichen. Ein Mensch kann Christ sein ohne die Charismen, nicht ohne den Glauben und die Hoffnung. Diese enthalten schon jetzt Ewiges. Schon jetzt ist ewiges Leben da. Der Tod und Gottes gnädiges Gericht geben es nicht erst, sondern machen es frei und vollenden es. »Ewigkeit« ist kein Raum, in den der Mensch einst hineingehen soll, sondern der Charakter, den das erlöste Leben in ihm von Anfang an hat. Sie ist die Weise, wie Gott lebt – und die Weise, wie der Mensch durch die Gnade am Leben Gottes teilhat. Jetzt ist sie aber in die Vergänglichkeit eingeschlossen, und nur durch die innere Vergewisserung, in welcher, wie der Römerbrief sagt, »der Heilige Geist Zeugnis gibt im Einvernehmen mit unserem Geist, daß wir Kinder Gottes sind« (8, 16), werden wir ihrer inne. Einst wird sie hervortreten, die Augen aufschlagen, ihrer selbst bewußt und froh werden. Dann werden Glaube und Hoffnung vergehen . . . anders die Liebe. Sie wird dann überhaupt erst zur Fülle ihrer Kraft und ihrer Freiheit erwachen. Sie wird der Akt unseres ewigen Lebens selbst sein.

Das ist das letzte, was Paulus hier über sie sagt, und mit dem er sie gegen alles übrige aufrichtet: sie ist ewig.

VI.

Lassen wir aber dieses Wort nicht in die Verwahrlosung gleiten, die überall im Gebrauch der heiligen Worte eingetreten ist. Der Sinn des Wortes »ewig« hat nichts mit dem zu tun, dem wir in der Umgangssprache begegnen. Was er eigentlich meint, kommt im dreizehnten Kapitel des ersten Korintherbriefes allein noch nicht heraus. Wenn wir nämlich genau zusehen, wird in ihm die Frage, was die Liebe in sich selbst sei, überhaupt nicht gestellt, sondern nur, wie sie sich verhält und wie sie dauert. Was ist sie also?

Um diese Frage zu beantworten, müssen wir auf andere Texte zurückgreifen. Wenn wir das Korintherbriefkapitel allein nehmen, das die Liebe zu den überschätzten und mißbrauchten Geistesgaben in Gegensatz stellt, erscheint die Liebe als etwas Ethisches, dazu noch mit einer gewissen Neigung ins Bürgerliche, als Mäßigung und Rücksichtnahme. Damit sind aber nicht die ganzen Gedanken des Apostels ausgesprochen. Nach diesen entspringt die Liebe, die vom Menschen verlangt wird, nicht in ihm selbst, sondern in Gott. Von dessen Liebe reden andere Briefe, so der an die Römer.

An der Stelle, wo Paulus sich gleichsam in die Liebe Gottes als in die Mitte des christlichen Daseins verankert, heißt es :»Wenn Gott für uns ist – wer ist dann wider uns? Wenn er seines eigenen Sohnes nicht geschont, sondern ihn für uns alle dahingegeben hat, wie sollte er uns mit ihm nicht auch alles [übrige] schenken? Wer will noch Anklage erheben gegen die, die Gott auserwählt? Gott ist da und rechtfertigt – wer will da noch verdammen? Christus ist da, der [für uns] gestorben, darüber hinaus aber auferweckt ist und sitzet zur Rechten Gottes und tritt für uns ein. [Wer will dann noch wider uns auftreten? Was aber unser Verhältnis zu ihm angeht] wer will uns scheiden von der Liebe Christi? Not oder Bedrängnis oder Verfolgung oder Hunger oder Blöße oder Gefahr oder Schwert? ... [Solche Nöte sind groß], aber alles überwinden wir mit überlegener Kraft durch den, der uns geliebt hat. Denn ich bin gewiß, weder Tod noch Leben, weder Engel noch Gewalten, weder Gegenwärtiges noch Zukünftiges, noch irgendwelche Macht, weder Höhe noch Tiefe, noch irgendein anderes Wesen vermag uns zu scheiden von der Liebe Gottes, die da ist in Christus, unserem Herrn.« (8, 31-39)
Hier bricht jene Mächtigkeit durch, die unserem Text zu fehlen scheint. Wir müssen sie aber hinter jeden Satz des Korintherbriefkapitels hindenken, so daß seine Beherrschtheit und Nüchternheit ganz von ihr erfüllt wird. Die Liebe, von welcher Paulus spricht, ist nicht jene Kraft menschlicher Leidenschaft oder Anhänglichkeit, oder Güte, die das Wort unserer Umgangsprache meint, sondern eine Kraft und Gesinnung Gottes. Diese darf nicht, wie das ebenfalls allge-

mein geschieht, nach der Art unserer Liebe gedacht werden, nur ganz rein und groß, sondern wir müssen, wenn wir von der Liebe Gottes sprechen, zunächst vergessen, was das Wort von uns aus bedeutet, und uns daran erinnern, daß es sich hier um Offenbarung handelt. Auf deren Wort müssen wir lauschen und seinen Sinn rein aus ihm selbst heraus entgegennehmen. Daß Gott überhaupt liebt, mag noch als Ausdruck vollkommenen Daseins selbstverständlich sein; daß Er den Menschen liebt, ist es in keiner Weise. Die natürliche religiöse Erfahrung wird des Göttlichen durchaus nicht nur in der Form der Güte und Huld inne; Zeugnis dafür sind die Gottheiten des Hasses und Grauens, von denen die Religionsgeschichte spricht; die Erlebnisse von der Gleichgültigkeit, vom Neid, vom Zorn der Götter, von der Unbegreiflichkeit der Schicksalsverhängungen und andere mehr. Selbst die Erfahrungen göttlicher Güte aber meinen durchaus nicht, was das Neue Testament unter Liebe versteht, sondern bedeuten, daß der himmlische Herrscher Huld gewährt, Freude an den Erdengeschöpfen hat, reich ist und geneigt, seinen Reichtum mitzuteilen. Das Neue Testament hingegen zeigt uns in der Liebe Gottes einen Ernst, der uns, wenn nur erst einmal die Gewohnheit weggetan ist, die auf allen christlichen Begriffen liegt, immer mehr erschüttern muß.

Diese Liebe ist nicht etwas, das Gott, wie es unseren Begriffen entspräche, zum Menschengeschöpf hinuntergibt; keine Strahlung seiner Huld, die ihn selbst unbeteiligt läßt; sondern es handelt sich um etwas Unerhörtes, das wir nur sagen können, wenn wir ganz rücksichtslos sprechen. Daß Gott eine Welt und in der

Welt Menschen erschaffen hat, brauchte ihn an sich in seinem Eigendasein nicht zu berühren. Sie wäre eben Schöpfung, durch die Tatsache des Geschaffenseins von Ihm, dem Schöpfer, unaufhebbar getrennt. Er würde seine Freude an ihr haben, die von ihm hineingeschaffene Vollkommenheit an ihr sehen, ihr Wohlbestehen und ihre Sinnvollendung wünschen und sie durch seine Weltregierung dahin führen. Deswegen brauchte sie ihm aber in keiner Weise ans Herz zu gehen. Er brauchte mit seinem Innersten nicht an ihr beteiligt zu sein.

Was die Griechen von der olympischen Ruhe ihrer Götter sagen, die über all der Erdenwirrnis thronen, deutet auf das Gemeinte hin. So weit würde der Begriff der göttlichen Liebe, den wir von uns aus fassen können, gehen – falls wir diese nicht umgekehrt dionysisch, als eine Art Weltrausch der Gottheit verstehen, wie sie in manchen Göttergestalten der Religionsgeschichte erscheint. Daß diese aber mit dem keuschen Gott der Offenbarung nichts zu tun haben, liegt auf der Hand.

Was die Offenbarung über Gottes Liebe sagt, legt gleichsam die Schutzwehr nieder, die Seine Göttlichkeit zwischen Ihm und der Welt aufrichtet. Sie sagt uns, daß die Welt für ihn etwas bedeutet – über alles hinaus, was wir aus den Begriffen von Gott und von seiner Schöpfung folgern könnten. Er ist Herr der Welt in unangetasteter Freiheit; hat ihr aber eine Bedeutung für ihn selbst gegeben, sie in eine Nähe und in einer Art der Nähe zu sich herangezogen, die wir nur so ausdrücken können, daß wir sagen, er habe sie sich zum Schicksal werden lassen. Wenn wir das denken wol-

len, müssen wir auf der Hut sein, daß wir weder Gottes reines Herrentum antasten, noch das unerbittliche Geschaffensein der Welt verschleiern. Das ist die erste und grundlegende Wahrheit über die Liebe Gottes. Ebenso wahr ist aber auch, daß er die Welt in eine Tiefe des eigenen Daseins hereingenommen hat, welche zwischen Gott und uns eine vom Menschen her unbegreifliche und unmögliche Beziehung begründet. Sie bildet den eigentlichen Inhalt der christlichen Botschaft und ist »die Liebe Gottes«.
Was soll sonst gemeint sein, wenn Paulus sagt, daß Gott »seines eigenen Sohnes nicht geschont, sondern ihn für uns alle dahingegeben hat«? Und gleich darauf: »Christus ist da, der [für uns] gestorben, darüber hinaus aber auferweckt ist und sitzet zur Rechten Gottes und tritt für uns ein«? Was soll sonst das johanneische Wort meinen: »So sehr hat Gott die Welt geliebt, daß er seinen eingeborenen Sohn dahingegeben hat«? (Joh. 3, 16) Nehmen wir doch solche Sätze nicht zu selbstverständlich. Wenn Gott uns, die wir von ihm abgefallen waren, wieder in seine Huld aufnehmen wollte, konnte er es doch tun, ohne sich selbst einzulassen. Er ist Gott; so genügte ein Akt der Nachsicht oder der neuschaffenden Vergebung – und er wäre wahrlich geheimnisvoll genug gewesen! Es wäre anmaßend und töricht zugleich, behaupten zu wollen, für die Erlösung des Menschen hätte es größeren Aufwands bedurft. Nun aber hören wir, daß Gott »seinen Sohn«, also sich selbst, »dahingegeben hat«. Dahingegeben – wohin? An wen? Hier liegt das Entscheidende. In das Erfaßtwerden durch etwas, dem er an sich kraft seiner Göttlichkeit enthoben war, nämlich das Schicksal. Was

konnte ihn aber diesem Schicksal ausliefern, das als solches über ihn keine Macht hatte? Was kann überhaupt für Gott »Schicksal« sein?
Nur eine Macht, die sich in Ihm selber, in seiner eigenen unantastbaren Freiheit erhöbe: eine Macht der Ehre und der Liebe. Lassen wir das erste auf sich beruhen; es würde wiederum die ganze Frage nach Gott aufrollen, so wie es der große Kirchenlehrer Anselm von Canterbury getan hat; bleiben wir beim zweiten, der Liebe Gottes. Sie ist jener unbegreifliche Wille, mit welchem er das Geschöpf in einer Weise an sich herangelassen hat, daß er nun dessen Schicksal nicht mehr durch allmächtige Verfügung, sondern durch die »Hingabe« seiner selbst lösen »mußte«: indem er in die Geschichte kam, unter uns lebte, für uns starb und über Tod und Sünde siegend auferstand. Was hier waltet, das ist die Liebe, von welcher das Neue Testament redet.

Und nun sagt Paulus: Diese Liebe ist als die Gesinnung, mit welcher Christus vor Gott für uns steht, immerfort weiter am Werk. Sie ist für uns ein und alles, der Anfang und das Ende. In sie ist unser neues Dasein so hineingegründet, wie die Wirklichkeit der Schöpfung in den allmächtigen Willen dessen, der sie geschaffen hat.
Diese Liebe, aus der wir christlich bestehen, soll auch die Gesinnung und Kraft sein, in welcher wir den anderen Menschen begegnen. Von ihr her soll sich ein neuer Lebenszusammenhang, eine neue Ordnung der Dinge bilden. Was immer über die christliche Liebe gesagt wird, setzt das voraus. Wenn Paulus dem En-

thusiasmus der Charismen die Nüchternheit der christlichen Liebe entgegenstellt, dann nicht, um sie ins Moralische oder Sentimentale, oder wie immer Irdische zu ziehen, sondern um sie als das wahrhaft Wirkliche und Bleibende gegen Dinge abzuheben, die nur allzu leicht ins Phantastische gleiten, auf jeden Fall aber vergänglich sind. Von dieser selben Liebe würde er aber sagen, daß sie das Ungeheure einfachhin sei; derart über alle Begriffe hinausgehend, daß sie nur aus der Offenbarung erkannt werden kann und immerfort aus ihr heraus festgehalten werden muß. Von welch mächtigen Zusammenhängen die Weisungen seiner Liebeslehre unterbaut sind, zeigt schon das zwölfte Kapitel des Korintherbriefes, worin das Verhältnis der einzelnen Gläubigen zueinander aus jenem Lebenszusammenhang heraus verstanden wird, den der geistliche Christus selbst unter den Glaubenden bildet. Bedenken wir doch, was das heißt, wenn er sagt, alle zusammen seien »Glieder« eines »Leibes«, dieser Leib aber sei Christus selbst! Wollen wir aber hören, wie die einfachen Weisungen des dreizehnten Kapitels lauten würden, wenn Paulus sie aus ihrer eigentlichen Tiefe her ausspräche, dann müssen wir den Brief an seine Lieblingsgemeinde, die Philipper, aufschlagen. Da stehen Sätze wie dieser: »Gott ist mein Zeuge, wie sehr ich mich nach euch allen sehne im Herzen Jesu, des Christus«. (1, 8) Die liebende Innerlichkeit Christi selbst ist es, aus der heraus er liebt. Jene Liebesmitte, von der er im Römerbrief sagt, daß keine Gewalt der Welt »uns zu scheiden vermag von der Liebe Gottes, die da ist in Christus, unserem Herrn«, tritt hier selbst in den Akt. Von hierher bekommen die schlichten Sätze des Korintherbriefes erst ihre ganze Größe. Nun sind sie Ausdruck jener heiligen Maßhaltung des Christentums, mit welcher es Dinge sagt, die zu sagen eigentlich kein Wort glühend genug wäre.

Natur und Kultur des Menschen

Das Wesen der Macht

Versuchen wir zuerst, einen klaren Begriff von dem zu gewinnen, was »Macht« ist.
Kann man vor Kräften der unmittelbaren Natur von Macht reden? Kann man z. B. sagen, ein Sturm oder eine Seuche, oder ein Löwe haben Macht?
Offenbar nicht, es sei denn in einem ungenauen, vergleichsweisen Sinne. Hier ist wohl Wirkfähiges, Wirkung Hervorbringendes; es fehlt aber, was wir unwillkürlich mitdenken, wenn wir von »Macht« sprechen, nämlich die Initiative. Das Naturding hat, bzw. ist »Energie«, nicht aber Macht. Energie wird erst dann zur Macht, wenn ein Bewußtsein sie erkennt, eine Entscheidungsfähigkeit über sie verfügt und sie auf bestimmte Ziele ausrichtet... Nur in einem bestimmten Sinne kann man auf Naturenergien das Wort anwenden – dann, wenn sie als »Mächte«, das heißt, als geheimnishafte Wesen empfunden werden, die eine irgendwie persönlich gedachte Initiative haben. Diese Vorstellung gehört aber nicht mehr zu unserem, sondern zum mythischen Weltbild, in welchem das Dasein aus wirkenden Wesenheiten besteht, die miteinander in Beziehung treten, kämpfen, sich verbinden. Sie haben religiösen Charakter, sind, mehr oder weniger klar als solche hervortretend, »Götter«... Verwandt damit, nur unklarer und des eigentlich Gemeinten nicht deutlich bewußt, ist der Gebrauch des Wortes,

wenn von den Mächten des Herzens, des Gemütes, des Blutes usw. die Rede ist. Auch hier handelt es sich um ursprünglich mythische Vorstellungen von göttlichen oder dämonischen Initiativen, die sich, dem Willen des Menschen gegenüber unabhängig, in seiner inneren Welt erheben. Sie verkleiden sich dann in wissenschaftliche, künstlerische, soziologische Begriffe und treiben im geistigen Haushalt des modernen Menschen ein seltsam unüberwachtes und deshalb folgenreiches Wesen*. Andererseits: Hat eine Idee Macht? Eine sittliche Norm? Man sagt es oft, aber doch zu Unrecht. Eine Idee als solche, eine Norm als solche haben nicht Macht, sondern Gültigkeit. Sie stehen in ruhiger Objektivität. Ihr Sinn leuchtet, wirkt aber durch sich selbst noch nicht. Macht ist Fähigkeit, Realität zu bewegen; das vermag die Idee aus Eigenem nicht. Sie vermag es erst und wird damit zur Macht, wenn das konkrete Leben des Menschen sie aufnimmt, sie sich mit seinen Trieben und Gefühlen, den Tendenzen seines Wachstums und den Spannungen seiner inneren Zustände, den Absichten seines Handelns und den Aufgaben seines Schaffens verbindet.

Von Macht im eigentlichen Sinne dürfen wir also nur sprechen, wenn zwei Elemente gegeben sind: einmal reale Energien, die an der Wirklichkeit der Dinge Veränderungen hervorbringen, ihre Zustände und wechselseitigen Beziehungen bestimmen können. Dazu aber ein Bewußtsein, das ihrer inne ist; ein Wille, der

* Das wird besonders deutlich in der Tiefenpsychologie, in der manche Begriffe ganz alchemistisch anmuten.

Ziele setzt; ein Vermögen, welches die Kräfte auf diese Ziele hin in Bewegung bringt.
Das alles setzt den Geist voraus, jene Wirklichkeit im Menschen, die fähig ist, aus dem unmittelbaren Zusammenhang der Natur herauszutreten und in Freiheit über sie zu verfügen.

II

Zum Wesen der Macht als eines spezifisch menschlichen Phänomens gehört die Sinngebung.
Damit ist nicht nur gemeint, der Vorgang der Machtausübung sei sinnbestimmt; das ist die Naturwirkung auch. In ihr gibt es nichts, was keinen Sinn hätte. Einmal den elementarsten der Kausalität, wonach keine Wirkung ohne hinreichende Ursache eintritt; und der Finalität, wonach jedes Wirklichkeitselement in den Bezug von Teil und Ganzem eingeordnet ist. Dazu dann jenen der besonderen Gestalts- und Funktionsformen, wie sie in den physikalischen, chemischen, biologischen Zusammenhängen enthalten sind . . . Die Aussage meint aber mehr, nämlich daß die Initiative, welche Macht ausübt, ihr selbst den Sinn setzt.
Die Macht ist verfügbar. Sie steht nicht, wie die Energie der Natur, von vornherein in einem notwendigen Wirkungszusammenhang, sondern wird erst durch den Handelnden in einen solchen eingefügt. Die Energiewirkungen der Sonne zum Beispiel setzen sich in der Pflanze mit Notwendigkeit in bestimmte biologische Wirkungen um: Wachstum, Farbe, Stoffwechsel, Bewegung usw. Die Kräfte hingegen, aus deren Verwendung ein Werkzeug hervorgeht, müssen vom Hand-

werker daraufhin gelenkt werden. Sie stehen ihm zur Verfügung, und er bestimmt sie – erkennend, planend, formend – auf den gesetzten Zweck hin.

Das bedeutet weiter, daß die als Natur gegebenen Energien mit Bezug auf den sie verwendenden Geist etwas Beliebiges an sich haben. Er kann sie zu dem Zweck gebrauchen, den er setzt – dabei steht es ganz dahin, ob dieser Zweck bauend oder zerstörend, edel oder niedrig, gut oder böse ist.

Es gibt also keine von vornherein sinn- und wertvolle Macht. Sie empfängt ihre Bestimmung erst dadurch, daß der Mensch ihrer inne wird, über sie entscheidet, sie in Tat umsetzt – was alles heißt, daß er sie verantworten muß.
Es gibt keine nicht-verantwortete Macht. Es gibt die unverantwortete Naturenergie – richtiger gesagt, die nicht im Bereich der Verantwortung, sondern in dem der Naturnotwendigkeit wirksame Energie; nicht gibt es die unverantwortete Menschenmacht*. Deren Wirkung ist immer Tat – oder wenigstens Zulassung – und steht als solche in der Verantwortung einer menschli-

* Hinsichtlich der ersteren ist in der Neuzeit eine eigentümliche Unklarheit entstanden – bzw. eine Unklarheit wieder entstanden, die es im griechischen, besonders im hellenistischen Denken gab, und die vom christlichen überwunden worden war. Immer wieder hört man Sätze wie: »Die Natur hat das so eingerichtet«; »Das widerspricht dem Willen der Natur« usw. Solche Sätze sind unsinnig. Die Natur »will« überhaupt nichts. Von ihr kann man nur sagen: Innerhalb des Naturzusammenhangs, um den es sich handelt, muß das so oder so sein. Alles andere ist Lyrik oder ortlos gewordene Mythik. In Wahrheit hat die Aussage: »Die Natur tut das und das« eine andere verdrängt, nämlich: »Gott, der die Natur geschaffen, hat an dieser Stelle das und das gewollt«. Aufs letzte gesehen ist also auch die Naturenergie verantwortet, und zwar, in schöpferischer Weise, durch Gott.

chen Instanz, einer Person. Das ist auch dann so, wenn der Mensch, der sie ausübt, diese Verantwortung nicht will.

Ja das ist selbst dann noch der Fall, wenn die menschlichen Dinge derart ungeordnet oder falsch geordnet sind, daß kein Verantwortender mehr genannt werden kann. Sobald letzteres geschieht, sobald auf die Frage: wer hat das getan? weder ein »Ich« noch ein »Wir«, weder eine Person noch eine Personengemeinschaft mehr antwortet, scheint die Machtausübung zur Naturwirkung zu werden. Man hat den Eindruck, als geschehe das immer häufiger, denn im Gang der geschichtlichen Entwicklung wird die Machtübung immer anonymer. Die fortschreitende Verstaatlichung der sozialen, wirtschaftlichen, technischen Vorgänge – ebenso wie die materialistischen Theorien von der Geschichte als einem notwendigen Prozeß – bedeuten unter unserem Gesichtspunkt den Versuch, den Charakter des Verantwortetseins aufzuheben, die Macht von der Person abzulösen und ihre Ausübung naturhaft zu machen*. In Wahrheit wird dadurch der wesenhafte Charakter der Macht als personal verantworteter

* Dem scheint ein Moment zu widersprechen, das sich ebenfalls in dieser Entwicklung zeigt: die Diktatur. Im Maße die echte Verantwortung verschwimmt, zeigt sich die Neigung, die Aufgabe des Handelns durch autoritäre, richtiger gesagt, arbiträre Entscheidungen zu lösen. Prüft man aber genauer, dann sieht man, daß deren Träger in keiner echten Verantwortung stehen, sondern sich jeweils nach anderen Stellen richten; welche ihnen befehlen und sie überwachen. Die oberste Instanz aber weiß sich, trotz aller Selbständigkeit des Handelns, als Vollstreckerin eines Ganzheitswillens. Gelingt das Vollstreckungsverhältnis nicht mehr, dann wird der Diktator ebenso weggetan, wie er die untergeordneten Instanzen wegtut, sobald sie eigene Initiative zeigen. Das heißt aber, daß der Diktator weiter nichts ist, als das konstruktive Gegenmoment des Kollektivs. Beide zusammen löschen die Person aus und bilden den anonymen Träger der Macht.

Energie nicht aufgehoben, sondern nur verdorben. Der Zustand wird zur Schuld und wirkt sich als Zerstörung aus*.
Die Macht ist aus sich weder gut noch böse, sondern empfängt ihren Sinn erst aus der Entscheidung dessen, der sie braucht. Ja sie ist aus sich nicht einmal bauend oder zerstörend, sondern nur Möglichkeit zu alledem, da sie ja wesentlich durch die Freiheit regiert wird. Wenn diese sie nicht bestimmt, das heißt, der Mensch nicht etwas will, dann geschieht überhaupt nichts, bzw. es entsteht ein Gemisch aus Gewohnheiten, zusammenhanglosen Impulsen, zufälligem Getriebensein, das heißt ein Chaos.

So bedeutet Macht ebensoviel Möglichkeit zum Guten und Positiven wie Gefahr zum Bösen und Zerstörenden. Diese Gefahr wächst mit ihrem Maß; das ist die Tatsache, welche uns Heutigen, zum Teil mit schreckhafter Plötzlichkeit, ins Bewußtsein getreten ist. Näherhin kann die Gefahr daher kommen, daß ein sittlich falsch gerichteter bzw. nicht mehr sittlich verpflichteter Wille über sie verfügt. Oder aber, daß hinter ihr

* Auch Nietzsche hat durch seinen Begriff der »Unschuld des Schaffens« den Machtgebrauch aus dem Bereich der Verantwortung – welche ja immer sittliche Verantwortung ist – herauszunehmen und zu einem Naturvorgang höheren Grades zu machen versucht, gegenüber dessen ungebrochener Kraft das Bewußtsein von der sittlichen Verpflichtung angeblich als Krankheit erscheint. Die Verschiebung geschieht bei ihm in feinerer Weise als beim Kollektivismus. Sie hält zunächst die Initiative des einzelnen aufrecht. Dieser steht aber »jenseits von Gut und Böse«; ist reine, aus sich selbst hervorgehende Schöpferkraft. Damit wird er als einzelner zu einer »Natur«, in welcher die Energien der Erde, der Welt, des Alls wirken. In Wahrheit ist er unaufhebbar Person und steht als solche von Wesen in der sittlichen Verpflichtung. So ist die angeblich erreichte Naturhaftigkeit nur Schein – und Desertion.

überhaupt kein ansprechbarer Wille, keine antwortende Person mehr steht, sondern nur eine anonyme Organisation, in welcher jeder durch benachbarte Instanzen geleitet, überwacht und dadurch – scheinbar – der Verantwortung enthoben ist. Diese Form der Machtgefahr wird besonders dringlich, wenn, wie das heute weithin der Fall ist, das Gefühl für die Person, für ihre Würde und Verantwortung, für die personalen Werte der Freiheit, der Ehre, der Ursprünglichkeit des Handelns und Existierens zusehends schwächer wird.

Dann nimmt die Macht einen Charakter an, der letztlich nur von der Offenbarung her charakterisiert werden kann: sie wird dämonisch. Sobald das Handeln nicht mehr vom Bewußtsein der Person getragen, noch im sittlichen Sinne verantwortet wird, entsteht im Handelnden ein eigentümlicher leerer Raum. Er hat nicht mehr das Gefühl, daß er es ist, der da handelt; daß die Handlung in ihm beginnt und er daher für sie einzustehen hat. Er als Subjekt scheint auszufallen und die Handlung durch ihn hindurchzugehen. Er fühlt sich nur als ein Element in einem Zusammenhang. Mit den anderen verhält es sich aber ebenso; daher kann er sich auch nicht auf eine echte Autorität berufen, denn diese setzt die Person voraus, welche mit ihrer Befugnis unmittelbar zu Gott steht und sich vor Ihm verantwortet. Es breitet sich vielmehr das Bewußtsein aus, im Grunde sei es überhaupt kein Jemand, der da handelt, sondern eine nirgends faßbare, niemandem sich stellende, auf keine Frage antwortende, das Geschehen ver-antwortende Unbestimmtheit. Deren Verhalten wird als zwangsläufig empfunden; so gibt der einzelne

sich hinein. Sie wird als unfaßlich empfunden; so erscheint sie als Geheimnis und zieht in verdorbener Form jene Empfindungen an sich, welche der Mensch vor dem Schicksal bzw. vor Gott haben soll*.
Diese Leere, die dort entsteht, wo die Person – zwar nicht verschwindet, denn sie kann ebensowenig vom Menschen abgeworfen, wie sie ihm abgenommen werden kann – aber übersehen, verleugnet, vergewaltigt wird, bleibt nun nicht; denn das würde bedeuten, daß der Mensch in irgendeiner Weise zum Naturwesen und seine Macht zur Naturenergie würden. Das ist nicht möglich; so bildet sie in Wahrheit nur eine zur Haltung gewordene Untreue, und in den herrenlosen Zustand dringt eine andere Initiative, nämlich die dämonische ein. Das neunzehnte Jahrhundert hat in der Sicherheit seines Fortschrittsglaubens die Gestalt des Dämons, sagen wir redlicher und genauer, Satans, verlacht; der Sehfähige lacht nicht. Er weiß, daß jener ist und am Werk ist. Freilich stellt sich auch unsere Zeit seiner Wahrheit nicht. Wenn sie, wie das so oft geschieht, vom »Dämonischen« spricht, dann fehlt diesem Sprechen der Ernst. Meistens ist es Gerede; wo es aber echt ist, drückt es entweder nur eine unbestimmte Angst aus, oder es meint etwas Psychologisches bzw. Symbolisches. Wenn Religionswissenschaft und Tiefenpsychologie, Drama, Film und Feuilleton vom Dämonischen sprechen, drücken sie nur das Gefühl aus, es gebe im Dasein ein Element der Unstimmigkeit, des Widerspruchs, der Tücke, eine letzte Unverstehbarkeit und Unheimlichkeit, das in bestimmten

* Vgl. Kafkas Romane »Der Prozeß« und »Das Schloß«.

individuellen und geschichtlichen Situationen besonders stark hervordrängt, und auf das eine besondere Angst antwortet. Worum es sich aber in Wahrheit handelt, ist nicht »das Dämonische«, sondern Satan; und wer Satan ist, sagt in zuständiger Weise nur die Offenbarung.

III

Zur Bestimmung der Macht gehört endlich noch ein letztes Moment: ihr universeller Charakter. Daß der Mensch Macht hat und in ihrer Ausübung eine besondere Befriedigung erfährt, bildet keinen Sonderbereich des Daseins, sondern ist mit jeder seiner Tätigkeiten und Zuständlichkeiten verbunden – kann sich wenigstens mit ihnen verbinden; auch mit solchen, die zum Machtcharakter zunächst keine Beziehung zu haben scheinen.

Es liegt auf der Hand, daß jeder Akt des Handelns und des Schaffens, des Besitzens und Genießens unmittelbar das Bewußtsein erzeugt, Macht zu haben ... Das gleiche geschieht durch alle Akte der Vitalität. Jede Tätigkeit, in welcher die unmittelbare Lebendigkeit sich auswirkt, ist Machtausübung und wird als solche erfahren ... Entsprechendes ist aber auch von der Erkenntnis zu sagen. An sich bedeutet sie das schauende und verstehende Durchdringen dessen, was ist; eben darin erfährt aber der Erkennende die Kraft, die das leistet. Er fühlt, wie er »der Wahrheit inne wird«; das setzt sich aber auch in das Gefühl um, »der Wahrheit mächtig« zu sein. Dazu gehört vor allem der Stolz des Erkennenden, der um so höher wachsen kann, je weiter der erkannte Gegenstand von aller unmittelbaren Praxis entfernt scheint, siehe Nietzsches Wort vom »Stolz der Philosophen«. Der Gehorsam gegen die Wahrheit schlägt hier in einen Affekt der Herrschaft über sie, eine Art spiritueller Gesetzgebung um. Das Machtbewußtsein der Erkenntnis findet aber auch einen unmittelbar wirksamen Ausdruck, nämlich dort, wo sie in Magie übergeht. Mythen wie Märchen kennen das Wissen, welches Macht gibt. Wer den Namen einer Sache oder eines Menschen weiß, hat Macht darüber, siehe alles das, was Zauber, Beschwörung, Fluch heißt. In einem tiefer dringenden Sinn bedeutet Machtwissen das Wissen um das Wesen der Welt, um das Geheimnis des Schicksals, um den Gang der menschlichen und göttlichen Dinge. Es ist jenes Wissen, durch welches die in der Regierung befindlichen Götter Herren der Welt sind, das im Versuchungsbericht der Genesis Satan den Worten Gottes unterschiebt, um den echten Sinn der Erkenntnis von Gut und Böse zu verwirren. In den Märchen ist es ein bestimmtes Wort, das den Drachen bezwingt, den versunkenen Schatz hebt, den verzauberten Menschen befreit, und so fort.

Das Gefühl der Macht kann sich sogar an Zustände heften, die ihr zu widersprechen scheinen: des Leidens, der Entbehrung, der Unterlegenheit. So wird zum Beispiel der Leidende sich bewußt, daß er durch seine Not eine tiefere Lebenseinsicht gewinnt, als sie der Gesunde hat; oder der Unterlegene sagt sich, daß er unterliegt, weil er edler ist als die Erfolgreichen.

Selbst das so quälende Gefühl der Minderwertigkeit ist immer mit einer mehr oder weniger verborgenen Selbstüberhebung verbunden; und sei es nur so, daß der Betreffende sich unfähig fühlt, den hohen Maßstäben zu genügen, die er für sich aufgestellt hat.
Jeder Akt, jeder Zustand, ja schon die einfache Tatsache, zu leben, zu sein, ist direkt oder auf Umwegen mit dem Bewußtsein der Machtausübung und des Machtgenusses verbunden. In ihrer positiven Form erzeugen sie das Bewußtsein, im Selbst zu stehen und Kraft zu haben; in ihrer negativen Form werden sie zum Hochmut, zum Stolz, zur Eitelkeit.

Das Bewußtsein der Macht trägt also einen ganz allgemeinen, ontologischen Charakter. Es ist ein unmittelbarer Ausdruck der Existenz, der sich freilich positiv oder negativ, in die Wahrheit oder in den Schein, ins Recht oder ins Unrecht wenden kann.
Damit führt das Phänomen ins Metaphysische, genauer gesagt, ins Religiöse hinüber.

Vom Wesen der Tugend

In diesen Überlegungen soll von etwas die Rede sein, das uns alle angeht, jeden in seiner Weise, nämlich von der Tugend. Das Wort berührt uns wahrscheinlich zunächst fremd, vielleicht sogar unsympathisch; es klingt leicht altmodisch und »moralisch«.
Vor vierzig Jahren hat der Philosoph Max Scheler

einen Aufsatz geschrieben, der den Titel trägt: »Zur Rehabilitierung der Tugend«*. Ein wenig seltsam, aber verständlich, wenn man bedenkt, daß damals die Ethik, die unter der Herrschaft Kants zu einer Pflichtlehre verdorrt war, sich lockerte, und man begann, das Gute wieder als etwas Lebendiges zu verstehen, das den ganzen Menschen angeht. In jener Situation wies Scheler auf den Wandel hin, den Wort und Begriff »Tugend« im Lauf der Geschichte erfahren haben, bis sie den kümmerlichen Charakter annahmen, der ihnen noch immer anhaftet.
So war für die Griechen Tugend, *aretē*, die Wesensart des edel gearteten und wohlgebildeten Menschen; für die Römer bedeutete *virtus* die Festigkeit, mit welcher der vornehme Mann in Staat und Leben stand; das Mittelalter verstand unter *tugent* die Art des ritterlichen Menschen. Allmählich wurde diese Tugend aber brav und nützlich, bis sie den sonderbaren Klang bekam, bei dem sich im natürlich gewachsenen Menschen innerlich etwas zusammenzieht.
Wenn unsere Sprache ein anderes Wort hätte, würden wir es nehmen. Sie hat aber nur dieses; so wollen wir uns zu allem Anfang darüber einig sein, daß es etwas Lebendiges und Schönes bedeutet.

Was meint es also? Es meint, daß jeweils die Motive, die Kräfte, das Handeln und Sein des Menschen von einem bestimmenden sittlichen Wert, einer ethischen Dominante sozusagen, zu einem charakteristischen Ganzen zusammengefaßt werden.

* »Vom Umsturz der Werte«, Gesammelte Werke Bd. III, S. 13ff. (Bern 1955)

Wählen wir als Beispiel eine sehr schlichte Tugend, die Ordnungsliebe. Sie bedeutet, daß der Mensch weiß, wo eine Sache hingehört, und wann es für ein Tun Zeit ist; welches Maß jeweils gilt, und in welchem Verhältnis die verschiedenen Dinge des Lebens zueinander stehen. Sie bedeutet den Sinn für Regel und Wiederkehr und das Gefühl dafür, was sein muß, damit ein Zustand oder eine Einrichtung Dauer haben. Wenn die Ordnung zur Tugend wird, dann will, der sie übt, sie nicht bloß in einer einzelnen Entscheidung verwirklichen – etwa wenn er arbeiten soll, und statt dessen etwas anderes treiben möchte, sich aber zusammennimmt und tut, was jetzt an der Zeit ist –, sondern als Haltung des ganzen Lebens; als eine Gesinnung, die sich überall zur Geltung bringt; die nicht nur sein persönliches Tun, sondern auch seine Umgebung bestimmt, so daß seine ganze Umwelt etwas Klares und Zuverlässiges bekommt.

Die Tugend der Ordnung muß aber, damit sie lebendig sei, auch die anderen Tugenden berühren. Damit ein Leben in der rechten Weise geordnet sei, darf diese Ordnung nicht zu einem Joch werden, das lastet und zwängt, sondern muß zum Wachstum helfen; so gehört zu ihr das Bewußtsein, was Leben hemmt und was es möglich macht. Also ist eine Persönlichkeit richtig geordnet, wenn sie Energie hat und sich überwinden kann, aber auch, wenn sie fähig ist, eine Regel zu durchbrechen, wo es nötig wird, damit sie nicht einenge – und mehr der Art. Eine echte Tugend bedeutet einen Durchblick durch die ganze Existenz des Menschen. In ihr wird, wie gesagt, ein ethischer Wert

zur Dominante, welche die lebendige Fülle der Persönlichkeit zusammenfaßt.
Nun gibt es zweierlei Weisen, wie die Tugend der Ordnung sich verwirklicht. Sie kann sozusagen angeboren sein; dann geht sie leicht und selbstverständlich aus der Natur des betreffenden Menschen hervor. Jeder kennt wohl solche, deren Tisch immer freigearbeitet ist und unter deren Händen alle Dinge wie von selbst ihren Platz finden. Die Aufgabe eines so Gearteten besteht dann darin, daß er seine Anlage in Pflege nehme und entfalte, damit sie zu einer Selbstverständlichkeit werde, die das Dasein klar und schön macht. Sie aber auch vor Entartung schütze – denn sie kann eng und hart machen. Dann entsteht nämlich der Pedant, um den das Leben vertrocknet.
Doch gibt es auch anders Veranlagte, denen die Ordnung nicht von Natur eigen ist. Sie neigen dazu, dem Impuls des Augenblicks zu folgen, wodurch dann das Tun seine Folgerichtigkeit verliert; Angefangenes abzubrechen, weil es langweilig wird; die Dinge liegen zu lassen, wie sie aus der Hand fielen, als man fortwollte. Ja die Ordnung als solche wird ihnen lästig. Sie empfinden das aufgeräumte Zimmer als unwohnlich; auf den Tag vorauszublicken und ihn einzuteilen, ist für sie Pedanterie; sich über Einnahmen und Ausgaben Rechenschaft zu geben und sie ins gleiche zu bringen, scheint ihnen lästiger Zwang. Die Tatsache, daß eine Regel gesetzt ist, reizt sie sogar und weckt die Lust, diese zu übertreten, weil Freiheit für sie die Möglichkeit bedeutet, immer tun zu können, wozu es sie gerade treibt. Menschen solcher Veranlagung kommen zur Ordnung nur über die Einsicht, daß sie ein unerläß-

liches Element des Lebens ist, des eigenen wie des der Gemeinschaft. Sie müssen sich in Zucht nehmen, nach jedem Versagen neu einsetzen, um die Ordnung kämpfen. So bekommt der Charakter der Tugend bei ihnen etwas Bewußtes und Mühsames, um aber dann zu einer gewissen Selbstverständlichkeit zu gelangen – freilich immer gefährdet zu bleiben.

Beide Formen der Tugend sind gut, beide notwendig. Es ist ein großer Irrtum, zu meinen, nur jene Tugend sei echt, die mit Natürlichkeit aus dem Wesen entspringe – ebenso wie es falsch ist, zu sagen, ethisch sei nur, was mit Mühe errungen werde. Beides ist Tugend: sittlich geformtes Menschentum, nur auf verschiedenen Wegen verwirklicht.

Es wäre auch darauf hinzuweisen, daß die richtige Ordnung, je nach der Art des Gebietes, auf das sie sich richtet, einen verschiedenen Charakter annimmt. Leblose Dinge im Lagerraum werden in anderer Weise geordnet als, sagen wir, lebendige Tiere im Stall oder Menschen in einem Betrieb; Soldaten im Dienst anders als Kinder in der Schule.

So wäre wieder manches zu sagen. Etwa wird in Verbindung mit dem Gefühl für menschlichen Wert und soziale Stellung der Ordnungssinn zum rechten Verhalten im gesellschaftlichen Leben; zusammen mit dem Gefühl für Situationen zum Sinn für das Schickliche, zum Takt, und so fort.

Tugend ist auch eine Weise des Verhältnisses zur Welt. Wie sieht einer, in dem das Gefühl für Ordnung wirksam geworden ist, die Welt? Er merkt, alles in ihr ist »geordnet nach Maß, Zahl und Gewicht«, wie die

Schrift sagt. Er weiß, nichts geschieht zufällig; alles steht in Sinn und Zusammenhang. Er hat Freude daran, diese Ordnung zu sehen – denken wir etwa an das Weltbild der Pythagoräer, die die Gesetze der Welt mit denen der Harmonie gleichsetzten und sagten, was das Geschehen lenke, sei der Klang von Apollons Leier. Der so Geartete sieht auch die Ordnung in der Geschichte: daß da tiefe Regeln walten, alles seine Ursachen hat, nichts ohne Folgen bleibt – wie sich das in dem griechischen Begriff der *themis* ausdrückt, wonach alles Tun der Menschen unter Fug und Recht steht. So bedeutet diese Tugend zugleich ein Verhältnis zum ganzen Dasein und gibt die Möglichkeit, Seiten an ihm zu entdecken, welche dem, der im Durcheinander lebt, gar nicht deutlich werden.
Freilich kann auch dieser Ordnungsblick starr werden, so daß er »Ordnung« nur noch als Naturordnung und auch diese nur als mechanische Notwendigkeit sieht. Dann verschwindet ursprüngliche Gestalt und lebendige Hervorbringung; vollends alles, was seelische Fülle, Freiheit und Schöpfertum heißt, und das Dasein erstarrt in stummer Notwendigkeit.

Ein solcher Mensch kann aber auch von daher leiden – wie ja überhaupt jede echte Tugend ein Vorentwurf geistiger Freude ebenso wie geistigen Leidens ist. Den Ordnungslosen läßt die Wirrnis menschlicher Dinge, soweit sie nicht ihn selbst betrifft, gleichgültig – falls er sie nicht sogar als Lebenselement empfindet und genießt. Wer hingegen weiß, was Ordnung ist, fühlt die Gefährlichkeit, ja Unheimlichkeit der Unordnung. Dieses drückt sich im alten Begriff des Chaos aus, der Auflösung des Daseins; Gestalt, nein Ungestalt geworden im Ungeheuer, im Drachen, im Weltenwolf, in der Midgardschlange. Darauf bezieht sich das Wesen des echten Helden, der nicht auf Abenteuer geht, noch Ruhm sucht, sondern sich beauftragt weiß, das Chaos zu bezwingen: Gilgamesch, Herakles, Siegfried. Sie überwinden das, was die Welt ungeheuer, unlebbar macht; schaffen dem Leben Freiheit und gemäße Verhältnisse. Für den, der Ordnung will, ist jede Unordnung im Innern des Menschen, in den menschlichen Beziehungen, in Beruf und Staat etwas Beunruhigendes, ja Quälendes.

Die Tugend kann auch erkranken, wir haben das bereits gestreift. Aus der Ordnung kann eine Fessel werden, in welcher der Mensch Schaden leidet. Ich habe einen hochbegabten Mann gekannt, der sagte: »Wenn ich mich einmal zu etwas entschlossen habe, vermöchte ich meinen eigenen Entschluß nicht mehr zu ändern, auch wenn ich es wünschte.« Hier ist die Ordnung zum Zwang entartet... Oder denken wir an die Ängstlichkeit des Gewissens, durch die der Mensch vom Bewußtsein gequält wird, etwas tun zu müssen, und wieder zu tun, und noch einmal, und so fort, genötigt durch einen ihn nie freigebenden Antrieb... Oder an den Erzieher, der alles in feste Regeln preßt, damit er seiner Schüler Herr bleiben könne, weil er keine elastische Ordnung zu schaffen vermag, die dem Leben dient... Oder gar an die ganz pathologischen Zustände, in denen einer weiß: Jetzt es es Zeit, jetzt muß »es« getan werden, sonst geschieht Furchtbares – er aber nicht weiß, was das sei, für das es Zeit ist: ein Ordnungszwang, der keinen Inhalt mehr hat. In jeder Tugend steckt auch die Möglichkeit zur Unfreiheit. So muß der Mensch noch über seine Tugend Herr werden, um in die Freiheit von Gottes Ebenbild zu gelangen.

Die Tugend reicht durch das ganze Dasein, als ein Akkord, der es zur Einheit zusammenfaßt – ebenso steigt sie zu Gott hinauf, besser, sie kommt von Ihm herab.
Das hat schon Platon gewußt, als er für Gott den Namen des *agathón*, des »Guten«, schuf. Von Gottes ewiger Gutheit kommt die sittliche Erleuchtung in den Geist der empfänglichen Menschen hinab. Sie teilt den verschiedenen Charakteren jeweils ihre besonderen Anlagen für das Gute zu. Im christlichen Glauben kommt diese Erkenntnis zu ihrer Vollendung – denken wir an das geheimnisvolle Bild der Apokalypse, wonach der Inbegriff der Ordnung, die heilige Stadt, von Gott zu den Menschen herabsteigt (21, 10ff.).
Darüber wäre mehr zu sagen, als hier Raum hat. Wir können nur einiges Grundlegende nennen.

Da ist zuerst eine Wahrheit, nein eine Wirklichkeit, auf der jede Ordnung des Daseins ruht. Es ist die Tatsache, daß Gott allein »Gott« ist, der Mensch aber sein Geschöpf und Ebenbild. Daß Gott wirklich »Gott« ist, nicht anonymer Weltgrund, nicht bloße Idee, nicht Geheimnis des Daseins, sondern der durch sich selbst Wirkliche und Lebendige, Herr und Schöpfer – der Mensch aber der Geschaffene und dem höchsten Herrn zum Gehorsam Verpflichtete.

Das ist die Grundordnung aller irdischen Verhältnisse und alles irdischen Handelns. Gegen sie hat sich schon der erste Mensch empört, als er sich einreden ließ, er wolle »sein wie Gott«, und gegen sie geht die Empörung weiter bis heute, von Großen und Kleinen, Genialen und Schwätzern. Wird aber diese Ordnung verletzt, dann kann noch so viel Macht gewonnen, noch so viel Wohlfahrt gesichert, noch so viel Kultur aufgebaut werden, alles bleibt doch im Chaos.

Eine andere Weise, wie die Tugend der Ordnung von Gott her begründet wird, ist das unaufhebbare Gesetz, daß alles Unrecht Sühne fordert. Der Mensch macht gern die eigene Vergeßlichkeit zum Charakter der Geschichte und meint, wenn er Unrecht getan habe, dann gehe das Geschehen ungestört weiter; die beabsichtigten Wirkungen blieben, das Unrecht sei gewesen, zu Nichts geworden. Eine Vorstellung vom Staat hat sich gebildet, nach welcher diesem um der Macht, der Wohlfahrt, des Fortschritts willen jedes Unrecht erlaubt sei. Habe es seinen Zweck erreicht, dann sinke es ins Nichts.
In Wahrheit ist es noch da: im Stoff und Zusammenhang der Geschichte; im Lebensgefüge derer, die es begangen, und derer, die es erlitten haben; im Einfluß, den es auf die anderen ausgeübt hat; im Gepräge der Gesinnungen, der Sprache, der Haltungen, die die Zeit tragen. Und es wird einmal gesühnt; muß gesühnt werden, unausweichlich. Dafür steht Gott.

Das dritte ist die Offenbarung des Gerichts. Die Geschichte ist kein Naturvorgang, der seinen Sinn in sich selber hätte, sondern sie muß Rechenschaft geben. Nicht der öffentlichen Meinung, noch auch der Wissenschaft – wie es auch falsch ist, zu sagen, der Gang der Geschichte sei selbst schon das Gericht; denn wie vieles bleibt verdeckt, wie vieles vergessen, für wie vieles wird die Verantwortung hingeschoben, wo sie nicht hingehört. Nein, das Gericht wird Gott halten. Alles wird vor Seine Wahrheit gelangen und offenbar werden. Alles wird unter Seine Gerechtigkeit treten und die endgültige Bestimmung erfahren.

Wir sehen, was wir die Tugend der Ordnung genannt haben und das zuerst so alltäglich aussah, greift immer tiefer, wird immer umfassender und steigt schließlich zu Gott selbst auf – kommt von Ihm zum Menschen herab, und dieser Zusammenhang ist es, den das Wort »Tugend« meint.

Im folgenden soll nun eine Reihe solcher Gestalten, wie der Mensch im Guten steht, herausgearbeitet werden. Ohne System, vielmehr Bild um Bild, wie sie sich aus der Mannigfaltigkeit des Lebens dargeboten haben. Das wird uns helfen, den Menschen besser zu verstehen. Klarer zu sehen, wie er lebt; wie das Leben ihm zur Aufgabe wird; wie er dessen Sinn erfüllt oder verspielt.

Es wird aber auch zur praktischen Führung des eigenen Lebens helfen. Denn es gibt eine Wahlverwandtschaft der verschiedenen Veranlagungen zu den jeweils verschiedenen Tugenden. Diese sind ja kein allgemeines Schema, das dem Menschen aufgesetzt würde, sondern selbst lebendiges Menschentum, sofern es vom Guten angerufen ist und sich darin erfüllt. Das Gute aber ist lebendiger, von Gott herstrahlender Reichtum; in seiner Ursprünglichkeit unendlich voll und ganz einfach zugleich, doch am menschlichen Dasein sich besondernd und entfaltend.

Jede Tugend ist eine Brechung des unendlich-reichen Einfachen auf eine Möglichkeit des Menschen hin. Das bedeutet aber, daß die einzelnen Individualitäten je nach dieser ihrer Möglichkeit zu den verschiedenen Tugenden jeweils größere oder geringere Verwandtschaft oder Fremdheit haben. So ist dem sozial Veranlagten, der unwillkürlich zum anderen in Beziehung tritt, die Tugend des Verstehens ohne weiteres vertraut, während sie dem Zielbewußt-Aktiven von Natur fremd ist; im schöpferisch Veranlagten ist eine Ursprünglichkeit, die gegebene Situationen lebendig ergreift, während der mehr rational Geartete sich an feste Regeln hält...

Das zu sehen ist wichtig für das Verständnis des sittlichen Lebens der verschiedenen Individualitäten. Es ist aber wichtig auch für den praktischen Alltag. Denn die sittliche Arbeit wird gut tun, von dem auszugehen, worin man sich zu Hause fühlt, um von da aus vorzudringen und auch das Fremdere zu bewältigen.

Die Kultur als Werk und Gefährdung*

Vorbemerkung

Zuerst eine kurze Verständigung über die Begriffe, die in diesen Überlegungen gebraucht werden sollen.

Das Wort »Kultur«, das in ihnen beständig wiederkehrt, soll alles das bezeichnen, was der Mensch tut, gestaltet und schafft. Entsprechend meint »Natur« jenes, das ist, ohne daß der Mensch etwas daran getan hat.

Ohne weiteres ist aber klar, daß diese Natur bereits ein Element des Kulturellen enthält. Denn sie ist jenes, dem der Mensch begegnet und das er wahrnimmt; in dessen Bild er die Voraussetzungen seines Sehens und Verstehens hineinträgt. Und wenn der Mensch selbst in seiner ersten Gegebenheit, sein körperlich-seelisches Sein, wie es aus Geburt und Erbe hervorgeht, als »Natur« verstanden werden kann, so enthält diese von vornherein das Moment des Geistes und seiner Freiheit, der nicht »Natur«, sondern »Geschichte« ist. Umgekehrt enthält aber auch jedes Kulturphänomen ein Element der Natur, sofern in ihm der Mensch das, was ohne ihn ist, ergreift und gestaltet.

Wir haben es also mit Annäherungsbegriffen zu tun,

* Durchgesehene und etwas erweiterte Fassung eines Vortrages, den Romano Guardini im Frühjahr 1957 bei der Gründung der Katholischen Akademie in Bayern und auf der Hochschulwoche der Kölner Universität entwickelte.

die, je nach dem Zusammenhang, in dem sie gebraucht werden, von verschieden proportionierter Bedeutung sind.

Durch das ganze menschliche Dasein geht eine Bewegung von der Natur zur Kultur. Diese Bewegung wird aber in widerspruchsvoller Weise erlebt. Auf der einen Seite ist alles das, was sich daraus ergibt, von positiven Wertakzenten besetzt. Es ist das Menschenwerk, nach dessen Entschiedenheit und Reichtum wir den einzelnen wie die jeweilige geschichtliche Epoche einschätzen. Auf der anderen Seite empfindet der Mensch ihm gegenüber immer eine Beunruhigung, die um so größer wird, je höher dieses Werk steigt. Das offenbart sich in mythischen Gestalten wie einem Prometheus. Er erscheint als Kulturträger einfachhin; erleidet aber ein Schicksal, das nicht nur tragisch ist, sondern auch den Charakter der Schuld hat. Auch dürfte der Begriff des Prometheischen, der dem neuzeitlichen Menschen so bedeutungsvoll ist, nicht ursprünglich sein. Für den Griechen war der Räuber des Feuers doch wohl ein Ruchloser.

Das Bewußtsein von der Zweideutigkeit der Kultur gehört zu ihrem Wesen. Am schwächsten scheint es dort zu sein, wo der Mensch sich aus bedrängenden Naturgefahren herausarbeiten muß. Es wächst mit der Sicherheit seiner Position. Sobald die Kultur sehr reich wird, verdichtet es sich bis zum Angriff gegen sie und ruft zur Rückkehr in die »Natur« – eine Forderung, die freilich nicht erfüllt werden kann, da es in der Geschichte kein Zurück gibt.

Heute steht es so, daß dem Menschen Naturkräfte von

ungemessener Größe in die Hand kommen, und er zu Werken ansetzt, die noch vor kurzem als Utopien gedacht werden konnten. Eben dieser Mensch fühlt aber auch eine Besorgnis und eine Gewissensbedrängnis wie noch kaum zuvor.

Der kulturschaffende Vorgang

Der Kern des Vorgangs, aus welchem Kultur hervorgeht, besteht aus zwei Momenten, die nicht mehr aufeinander zurückgeführt werden können, sich aber wechselseitig bedingen.
Das erste ist jener Akt, in welchem der Mensch aus dem Naturzusammenhang hinaustritt und zum naturhaft Gegebenen Abstand nimmt. Er bedeutet etwas anderes, als wenn der Raubvogel aufsteigt, um das Feld überblicken zu können, auf welchem sich das Beutetier bewegt. Dieser Abstand liegt innerhalb des Naturzusammenhangs; jener hingegen, von dem wir sprechen, realisiert die Tatsache, daß der Mensch nicht in der Natur aufgeht, sondern in ihr steht, und außerhalb ihrer zugleich. Sein ontologischer Ort ist die Grenze der Natur. Dieses Auf-der Grenze-stehen realisiert er im Kulturakt, und wird darin frei zu einem Verhalten, das dem Tier nicht möglich ist. Die Voraussetzung dafür heißt »Geist«. Dieser ist es, der auf der Grenze steht, den Standort gibt, das Gegenüber ermöglicht.

Das zweite Moment ist jener Akt, in welchem der Mensch auf die Natur zugeht und sie ergreift. Er macht jene Herauslösung, von welcher die Rede war, nicht rückgängig, sondern wird erst von ihr her möglich. Denn auch in diesem Darauf-zu-Gehen geschieht etwas anderes, als wenn der Adler nach der Beute greift oder das Material zum Nest zusammenfügt. Dessen Zufahren und Packen geschieht im unmittelbaren Zusammenhang des naturhaften Verhaltens. Was der Mensch tut, setzt jene Distanz voraus, die nur vom Geist her möglich ist.

In diesem Akt betrachtet der Mensch seinen Gegenstand, versteht, bewertet, gestaltet ihn. Das Tier versteht nicht, noch bewertet oder gestaltet es, sondern es orientiert sich, fühlt das Förderliche oder Schädliche, ergreift oder wehrt ab. Dieses Tun ist sinnvoll; der Sinn wird aber nicht durch das Tier gesetzt, sondern wirkt sich, als Natur-Sinn, anonym in ihm aus. Beim Menschen geht die Realisation des Sinnes aus persönlicher Initiative, aus Erkenntnis und Entscheidung hervor; beides nur möglich, weil eine Abstand schaffende Instanz da ist: der Geist.

Der Unterschied zeigt sich gerade in dem, worin das Tun des Menschen dem des Tieres nachsteht, nämlich in der Möglichkeit, zu irren. Von der kurzen Periode abgesehen, in welcher das Tier jung und seiner Funktion noch nicht sicher ist, irrt es nicht. Sobald sein Akt wirklich fehlgeht, ist das kein Irren, sondern es bedeutet, daß sein Organ einen Defekt hatte; ein Zeichen mangelhafter Lebenseignung, die schließlich zum Untergang führt. Irren kann nur der Mensch, weil er in entscheidender Weise von einem Punkt her lebt, der nicht im Naturzusammenhang aufgeht, dem Geist. Das Irren ist ebenso geistig bedingt wie das richtige Verhalten.

Erst auf Grund der beschriebenen Distanz wird auch die echte Nähe zum Gegenstand möglich. Das Tier steht in einem Zusammenhang, der es nie aus sich entläßt. So gibt es bei ihm weder eigentliche Ferne noch eigentliche Nähe. Der Mensch tritt dem Ding gegenüber in die Freiheit der Distanz; von da aus vermag er, in gleicher Freiheit, zu ihm in eine Nähe der Bejahung, der Sympathie und der Verantwortung zu treten, die beim Tier nicht möglich ist.

Der Vollzug der beiden Akte kann die verschiedensten Grade der Klarheit und Intensität haben. Er kann scheinbar ins Naturverhalten versinken, wie das in den Handlungen des Affektes oder der Gewohnheit der Fall ist; kann aber auch jene gewaltigen Steigerungen erfahren, wie wir sie in den Gipfelvorgängen der Kultur sehen.

Immer bildet er den Kern des menschlichen Verhaltens. Sobald in sauberer Weise von einem Menschen gesprochen werden kann, ist er da. Die Theorie, nach welcher vom einfachsten Tier eine durchgehende Entwicklungslinie zum Menschen führt, ist eine bloße Hypothese; und zwar eine irreführende, da sie aus allen das Dasein deutenden Begriffen das Entscheidende herausnimmt. Wie freilich das Entstehen des Menschen zu denken ist, ist eine Frage für sich. Es scheint weder naturwissenschaftlich noch philosophisch, sondern nur theologisch geschehen zu können.

Der existentielle Charakter des Kulturwerkes

Durch das Gesagte wird der existentielle Charakter von Kulturakt und Kulturwerk bestimmt. Diese ruhen auf der Freiheit, in welcher der Mensch betrachtet, versteht und beurteilt, seine Zwecke setzt und die Mittel zu deren Verwirklichung wählt. Schon die einfachste Figur, welche der Primitive an die Wand seiner Höhle zeichnet, geht aus einer geistigen Anschauung hervor, die ihrerseits die genannte Distanz voraussetzt. Von der Höhlenzeichnung führt ein stetiger Fortgang zu den höchsten Schöpfungen der Kunst; wohingegen kein solcher von den differenziertesten Gestalten im Reich der Kristalle oder der Blumen zur einfachsten Höhlenzeichnung führt. Dazwischen liegt ein qualitativer Sprung, den nur der Geist vollzieht.

Durch eben diese Eigenart wird das Kulturwerk aber auch sofort gefährdet. Das Tun des Tieres ist durch die Naturnotwendigkeit, die es bindet, zugleich gesichert. Die Erfordernisse seines Wachstums und seiner Selbsterhaltung drücken sich in Instinkten aus, welche seinem Verhalten Richtung geben und Grenzen ziehen. Die Freiheit hingegen, in welcher der Mensch aus dem Naturzusammenhang heraustritt, bringt ihn in Gefahr. Wohl hat auch er Instinkte, und um so stärkere, je näher er der Natur steht: Impulse der Richtung, der Wahrnehmung, der Maßhaltung und so fort. Sie stehen aber ebenfalls im Feld seiner Freiheit, werden beständig von ihr beeinflußt und beirrt. Je stärker sich im Fortgang der Geschichte die Freiheit entfaltet, desto unsicherer wird der Instinkt.

Mehr als das: Im Menschen können verschiedene Instinkte zueinander in Widerspruch treten, und tun das um so mehr, je weiter die kulturelle Entwicklung fortschreitet; denken wir etwa an den Genußtrieb, der sich durchsetzt, auch wenn der Trieb der Selbsterhaltung warnt. Daraus entsteht eine Unordnung, die einen anderen Charakter hat als jene Unsicherheit, welche anzeigt, daß eine Tierart degeneriert. Sie ist nur daher zu verstehen, daß das Leben des Menschen sich aus dem Freiheitszentrum heraus vollzieht, so daß er eine Unordnung auszuhalten vermag, die das Tier zugrunde richten würde.

Die Möglichkeit zu irren ist also dem Menschen wesentlich, weil er frei ist. Man kann ihn geradezu als jenes Wesen definieren, das sich irren – deswegen, weil er auch in Freiheit das Richtige wählen kann.
Zum Wesen der Kultur gehört die Möglichkeit, den Zusammenhang von Ursache und Wirkung mißzuverstehen; Material falsch zu formen; in Ordnungen fehlzugreifen. Daraus entspringen alle jene Erscheinungen unrichtigen Kulturwerks, von denen die Geschichte erfüllt ist. Diese wirken aber auf das Dasein des Menschen zurück und bringen ihn selbst in Gefahr: durch falsche Lebensweise, Mangel am Notwendigen, soziale Unordnung und so fort.
Die Kulturgefahr kommt also aus dem gleichen Zentrum, aus dem die Kulturmöglichkeit hervorgeht.

Die Epochen der Geschichte

Wenn wir von hier her einen Blick in die Geschichte werfen, so können wir, glaube ich, drei Epochen von verschiedenem Charakter und sehr ungleicher Länge abgrenzen.

Am Anfang steht die primitive Kultur. Jene also, welche die Wissenschaft aus den erhaltenen Überresten abliest; die aber auch noch bei jenen Völkern anzutreffen ist, die wir frühgeschichtlich nennen.

Das Moment der Freiheit ist auch hier in ihr gegeben und wirksam. Noch das einfachste Gerät und das schlichteste Schmuckornament enthalten es. Auf dieser Stufe wirken aber auch zahlreiche und starke Momente der Bewahrung: Der einzelne steht in engen Gefügen soziologischer Ganzheiten; die Traditionen haben große Macht; das Leben ist überall ins Religiös-Magische eingebettet; die Lebensvorgänge selbst laufen weithin in rhythmisch-symbolischen Formen – alles Momente, die den Ablauf des Lebens sichern und den Betrachter veranlassen, das Wort »Naturvölker« zu brauchen. Die Bezeichnung wäre zwar grundsätzlich falsch, denn durch sie käme die betreffende Menschengruppe in eine Reihe mit einer Tierkolonie. Sie hätte aber darin recht, daß der Akt des Heraustretens nur bis zu einer nahen Grenze geht, der Zusammenhang mit der Natur hingegen sehr eng und wirksam ist. Das gibt dem Leben des frühen Menschen jenen Charakter von »Natürlichkeit« und Geborgenheit, der dem Spätgeborenen oft so beneidenswert scheint.

Die zweite Epoche wollen wir in vorläufiger Weise als die humane bezeichnen und behalten uns die Kritik an dem Wort noch vor. Der Frage, wann sie einsetzt, können wir hier nicht nachgehen. Jedenfalls reicht sie vom Beginn eines deutlichen Geschichtsbewußtseins bis zu jenem Durchbruch der Naturwissenschaft und Technik, der sich im Lauf der Neuzeit vorbereitet und im Beginn des neunzehnten Jahrhunderts vollzieht.
Die Zeitstrecke ist also sehr lang. Sie gliedert sich in mannigfachster Weise: nach Völkern und Ländern, geschichtlichen Stufen, Stilcharakteren und so fort. Trotz aller Unterschiede eignet ihr aber ein durchgehender Charakter – jener, der uns das Gefühl gibt, der Mensch sei darin mehr er selbst, als in unserer Epoche. Noch in den differenziertesten Formen der Bedürfnisbefriedigung, der Sozialordnung, der Erkenntnis und Kunst sei er harmonischer und der Natur näher, als wir es sind, beziehungsweise immer mehr werden.
Dieser Charakter scheint aus einer bestimmten Proportion hervorzugehen, die zwischen der Distanz zur Natur und der daraus hervorgehenden Handlungsfreiheit auf der einen, der Nähe zu eben dieser Natur und der damit gegebenen Sicherung auf der anderen Seite besteht. Der Mensch entfernt sich hier von der Natur nur so weit, daß er deren Ordnungen noch überall fühlt; sein Tun noch beständig durch Empfindungen für das Gefährdende und zu Scheuende begrenzt wird. Was aber seine Kulturtätigkeiten selbst angeht, so sind sie wesentlicherweise durch die unmittelbare Leistung der Sinne sowie durch Hand und Werkzeug getragen.

Diese Proportion geht dann verloren, und eine dritte Epoche beginnt: jene, in der wir stehen. Wissenschaft und Technik ermöglichen eine Verfügung über die Natur, die grundsätzlich keine Grenzen zu haben scheint. Weisungen und Warnungen des unmittelbaren Gefühls werden schwach. Die Freiheit geht in Beliebigkeit über.

Man hat in diesem Vorgang verschiedene Etappen unterschieden. Zuerst die Freisetzung und Beherrschung von Dampf und Elektrizität, wodurch Energien in einem vorher nicht gekannten Maße zur Verfügung kamen. Dann die Entdeckung der Kunststoffe, welche die technische Zwecksetzung vom natürlichen Vorkommen unabhängig gemacht und gelernt hat, das Material jeweils auf den Zweck hin herzustellen. Weiter die Automation, welche Produktionsstätte und Produktionsprozeß in eine geschlossene, von selbst laufende Maschine verwandelt. Physik und Technik der Atomenergie endlich weiten das Feld der freien Zwecksetzung und Verwirklichung ins Unabsehbare.

Man kann nicht sagen, ob und wie diese Epoche durch eine andere abgelöst werden könne. Es sei denn, man ziehe die Möglichkeit in Betracht, die in ihr liegenden negativen Momente, von denen gleich die Rede sein soll, führten zu einem degenerativen oder katastrophalen Ende – oder aber, man bringe es fertig, in der Vorstellung eines Zustandes der Vollkommenheit mehr als eine Utopie zu sehen.

Die Ablösung der Naturbasis

Das Thema dieser Überlegungen legt uns vor allem die Frage nahe, in welcher Weise der Mensch durch diese Entwicklung von der Naturbasis abgelöst werde. Als Antwort reihe ich einige Phänomene aneinander. Doch soll die Reihe weder vollständig sein, noch auch einen logisch-genetischen Zusammenhang bilden.

Der Mensch der vorausgehenden Epoche war von den unmittelbaren Gegebenheiten der Natur, ihren Stoffen, Gestalten und Geschehnissen bestimmt. Wie er sie antraf und erfaßte, lieferten sie ihm das Material für sein Werk; bestimmten die Richtung, in der es zu verlaufen hatte und zogen die Grenzen für dessen Reichweite. Das Grundphänomen des kulturellen Tuns war das Werkzeug, dessen Herstellung und Handhabung. Was es trug, waren Sinne und Hand. Dann drang die exakte Wissenschaft immer entschiedener durch das Unmittelbar-Gegebene zum Elementaren vor. Die Technik begann, ihre Zweckgebilde von dorther aufzubauen. Die Maschine entstand und entwickelte sich zu immer größerer Vollkommenheit.

Nun verlieren Sinne und Hand an Bedeutung. Der Mensch tritt über die unmittelbaren Gegebenheiten der Natur hinweg mit dem Elementaren in Beziehung. Er schafft eine Welt der Zwischengebilde: der Zeichen, des Kalküls, der Apparatur und lebt sich immer tiefer in sie ein. Diese Welt ist nicht natürlich, sondern künstlich. Sie besteht nicht von selbst, läuft nicht aus natürlichen Antrieben, sondern muß beständig vom Menschen hervorgebracht und in Gang gehalten werden. So kann er sich nicht auf sie verlassen, sondern muß

beständig um sie besorgt sein, und wird immer stärker von ihr in Anspruch genommen.
Ein Zustand wachsender Beliebigkeit – freilich auch ebenso wachsender Angestrengtheit – bildet sich. Ein Gefühl, das vorher der Utopie angehört hat, bestimmt nun immer stärker das Bewußtsein des realistisch lebenden Menschen: er könne seine Zwecke nach Ermessen setzen und sei imstande, jeweils die zu ihrer Verwirklichung erforderlichen Mittel bereitzustellen. Dabei verliert er aber jene Ruhe, welche der Gang der Natur dem in sie eingeordneten Menschen gab. Die unmittelbaren Gegebenheiten dieser Natur verlieren ihre eingrenzende, aber auch sichernde Bedeutung; der Mensch wird immer angestrengter und gefährdeter.
Aus alledem erwächst die Frage, was dabei aus ihm selbst werde? Hält er sein eigenes Tun aus? Zwingt die Welt der Apparaturen ihm nicht eine Existenz auf, die er auf die Dauer nicht leisten kann? Wird er seinem immer rascher sich entfaltenden Werk seinsmäßig nachwachsen oder unter ihm zugrunde gehen? –
Ein anderes Phänomen: Wenn man die Grundhaltung unserer Zeit mit der früheren vergleicht, so scheint in ihr das Gefühl schwächer zu werden. Damit ist kein Unterschied von der Art gemeint, wie er etwa zwischen der Zeit des Sturm-und-Drang und der Aufklärung besteht. Vielmehr eine Auskühlung des Empfindungs- und Herzenslebens, die sich überall und in steigendem Maße geltend macht: im Verhältnis zur Natur, zum anderen Menschen, zum Schicksal, zu den geistigen Werten und so fort. Es liegt auf der Hand, daß dieser Vorgang mit der rational-technischen Struktur

der Epoche, wie auch mit der Vielzahl der Menschen und Geschehnisse zusammenhängt.
Man kann ihn optimistisch charakterisieren und sagt dann, der moderne Mensch sei sachlich. Impulse und Hemmungen des Gefühls würden in der heutigen Situation nur hindern; so müßten sie zurückgedrängt werden. Bedenkt man aber, welche Rolle das seelische Bewegtsein, Erfaßtwerden und Erleben im inneren Haushalt spielt; wie es die Weise bildet, in welcher der Mensch unmittelbar am Dasein beteiligt ist; das existentielle Schwergewicht ist, das seine Lebensbewegung im Kurs hält – dann wird man besorgt. Im Maße wie er, über Intellekt und Apparatur, bewegungsfähiger und wirkmächtiger wird, verdünnt sich der Lebensvorgang. Seine Wurzeln lockern sich. Er wird beliebig einsetzbar...
Man denkt an den Mythos des Antaios, des Sohnes der Erde, der nicht bezwungen werden konnte, solange er die Mutter berührte. Da hob Herakles ihn empor und erwürgte ihn im freien Luftraum.

Im Zusammenhang damit steht der zunehmende Kontaktverlust zwischen Mensch und Mensch. Erzieher wie Ärzte stellen fest, daß der moderne Mensch sich immer mehr isoliert. Das bedeutet etwas durchaus anderes als der Individualismus des frühen neunzehnten Jahrhunderts. Für diesen war die Entfaltung der eigenen Art etwas durchaus Positives; der so betonte einzelne fand aber auch leicht die Verbindung zum anderen Menschen – siehe die reich entwickelte Kultur der Geselligkeit, der Freundschaft, des Eros, der Autoritätsbeziehungen und so fort. Die Isolierung, von der wir sprechen, ist etwas anderes. Sie bildet die Kehrseite der Masse, in welcher der einzelne, die zahllosen einzelnen, einsam sind. Denn was Gemeinschaft gibt, ist nicht die Addition vieler Individuen, sondern der lebendige Zusammenhang der organischen Ganzheitsgebilde. »Masse« ist die große Zahl kontaktarmer Individuen – die sich aber, eben ihrer Beziehungsarmut wegen, leicht und beliebig zusammenfügen lassen. So ist sie es auch, welche die Organisation ermöglicht, ja ihrer bedarf. Ebenso wie umgekehrt die verschiedenen Organisationsformen beruflicher, sozialer, politischer Art daran interessiert sind, daß die natürlichen Kontakte keine große bindende und konstruktive Kraft haben, weil dadurch der einzelne Wurzel faßt und zum Widerstand fähig wird. Die totalitäre Tendenz – die ja, ob wir es wahrhaben wollen oder nicht, durch unsere ganze Welt geht – setzt das kontaktlose Individuum, das »Menschenpulver« voraus. Vor allem sind es die Auflösung der Familie, die Lockerung der Ehe, die Schwächung des Zusammenhangs zwischen Eltern und Kindern, welche hier Wirkung und Ursache zugleich bilden.

Daß die Privatsphäre immer mehr zerstört wird, setzt das Phänomen fort. Immer weniger wird empfunden, daß einzelner wie Familie die Möglichkeit haben müssen, in sich und für sich zu leben. Eine allgemeine Veröffentlichung des Daseins vollzieht sich. Presse, Rundfunk, Fernsehen, der Geist und die Technik des Nachrichtenwesens – alles das ist auch hier Wirkung und Ursache zugleich.

Was da zerfällt, ist gar nicht abzusehen. Überall drängt

sich die Öffentlichkeit in den Privatbereich; überall wird hinausgezogen, was behütet bleiben müßte. Damit ist nichts Sentimentales gemeint; die Sorge richtet sich auf das Heilbleiben der Lebenswurzel. In einer über ein gewisses Maß hinausgehenden Veröffentlichung kann menschliches Dasein, so wie es ist, nicht gedeihen. Es verändert sich in ihr, und die Frage ist, was für eine Art Mensch daraus entstehen werde. Das jedenfalls kann man sagen, daß er standardisiert und immer weniger fähig sein wird, den totalitären Tendenzen Widerstand zu leisten ...

So wäre noch manches zu sagen. Wer den verschiedenen Kulturphänomenen unter diesem Gesichtspunkt nachginge, würde feststellen, daß die Entfernung von der unmittelbaren Basis der Natur sich immer mehr vergrößert.

Das bedeutet nichts grundsätzlich Neues. Es steigert etwas, das von Anfang an gegeben ist. Diese Steigerung vollzieht sich aber in einem Maß und mit einer Schärfe, durch welche das, was Kultur heißt, in eine kritische Phase getrieben wird.

Humane und nicht-humane Kultur

Der Charakter der Kultur, die sich aus den genannten Voraussetzungen ergibt, wird von solchen, deren Bildungswurzeln noch vor dem Zweiten, gar vor dem Ersten Weltkrieg liegen, sehr stark empfunden – derart stark, daß sie geneigt sind, die vorhergehende Epoche als die »humane« zu bezeichnen. So ist es auch in unseren Überlegungen zunächst noch geschehen. Nun müssen wir aber den Gebrauch des Wortes genauer prüfen.

»Human« bedeutet soviel wie »menschlich«; meint also hier echtes Menschentum im Unterschied zu vergewaltigtem und künstlich gewordenem. Damit enthält die Aussage auch das Urteil, jene Kulturphase, von der wir reden, die heutige, sei dem Wesen des Menschen nicht mehr wirklich gemäß.

Wer fühlt, daß in ihr Werte und Ordnungen, mit denen er verwachsen ist, zugrunde gehen, hat natürlich das persönliche Recht, in dieser Weise zu reagieren. Sobald es aber darum geht, einen Standort zu gewinnen, von dem aus ein geschichtlich wie philosophisch gültiges Urteil möglich wird, verkehrt sich dieses Recht in Unrecht. Denn dann wird – nicht zuletzt unter dem Einfluß der humanistischen Bildung – der Begriff des Menschen mit bestimmten geschichtlichen Weisen und Phasen menschlichen Verhaltens gleichgesetzt. Das ist aber falsch, denn »das Menschliche« deckt sich mit dem im beschriebenen Sinne »Humanen« durchaus nicht. Auch jener, der über die bisherigen Proportionen hinaus in den Raum des Beliebigen vordringt, ist Mensch. Vielleicht müssen wir sogar sagen, er verwirkliche das Menschliche in einer sehr kühnen und großen – freilich auch sehr gefährlichen Weise.

Man darf das Menschliche nicht auf eine geschichtliche Phase festlegen – ebensowenig wie auf ein bestimmtes Volk oder Land. Ja man wird es nicht einmal auf die Bindung an die Erde festlegen dürfen, denn der Mensch ist, im Unterschied zu dem jeweils auf eine bestimmte Umwelt festgelegten Tier, auf das Ganze der Welt bezogen. Gewiß hat auch er jeweils seine Umwelt, und ist von ihr unter Umständen sehr stark gebunden; diese Bindungen sind aber nur relativ. Sie können vom einzelnen wie sozialen Gruppen oder geschichtlichen Bewegungen durchbrochen werden. Das eigentümliche Interesse an den Weltraumbeziehungen, das sich heute zeigt, ist doch wohl ein Symptom.

In der Epoche, die vor uns liegt, und von der wir nicht wissen, in welches Schicksal sie ausmünden wird, realisiert der Mensch eine neue Form seines Menschentums. Um so mehr muß er sich klarmachen, daß es dazu nicht genügt, neue Energien in Dienst zu nehmen oder entfernungsweise in neue Erd- und Weltbereiche vorzudringen; er muß dafür auch ein tragendes Ethos entwickeln. Wir dürfen uns aber keine Illusionen machen: von einem solchen Ethos kann einstweilen noch keine Rede sein. Bei schärferem Zusehen entdeckt man wohl Ansätze dazu; auf breiterem geschichtlichem Felde ist es aber noch nicht wirksam. Was sich bis jetzt findet, ist im günstigen Falle ein Mensch, der seinsmäßig in den alten Strukturen steht und beständig den Konflikt erlebt, mit den neuen Maßen, Aufgaben und Gefahren ethisch nicht auszukommen – im ungünstigen einer, in welchem die alte Haltung zerfällt, eine neue aber noch nicht da, und das Tun bloß vom Drang nach Erkenntnis, von der Lust am Experimentieren, vom Verlangen nach Vorteil und Macht geleitet ist. Den schärfsten Ausdruck dieser Situation bildet jene radikale und offen gezeigte Abwesenheit von Gewissen, wie sie sich in den politischen Ereignissen der letzten Jahrzehnte gezeigt hat.

Chance und Gefährdung unserer Epoche

Der Sinn einer Kulturepoche liegt letztlich nicht darin, daß in ihr der Mensch zu immer höherer Wohlfahrt und immer größerer Naturbeherrschung gelange, sondern daß er die Gestalt des Daseins und die menschlich-sittliche Haltung hervorbringe, welche die Geschichte jeweils fordert.

Die Welt ist zweimal da. Zuerst als einfach gegebene, als Natur; dann aber als aufgegebene, nämlich als Inbegriff dessen, was aus der Begegnung des Menschen mit der Natur hervorgeht. Daraus also, daß er diese sieht, versteht, in ihrem Wert erfährt, ihre ethischen Probleme bewältigt und sie so zu einem Ganzen gestaltet, worin eine bestimmte menschliche Möglichkeit sich charakteristisch offenbart.

Voraussetzung für die jetzt zur Verwirklichung drängende Weltgestalt ist die ungeheure Freiheit, welche dem heutigen Menschen gegeben ist. Diese ist aber unlöslich mit einer ebenso ungeheuren Gefahr verbunden. Es ist wie ein Symbol, daß die folgenreichsten Erkenntnisse und Leistungen der neuen Epoche sich zum großen Teil im Zusammenhang mit dem Krieg entwickelt haben und weiter entwickeln. Ohne diesen Zusammenhang hätten Kernphysik und -technik doch wohl einen anderen Weg genommen. Die Chancen kühnsten Bauens und die eines bis auf den Grund gehenden Zerstörens waren im allgemeinen Bewußtsein noch nie so eng verbunden wie heute.

Die Kultur ist kein objektivistisches Gebilde, das sachhaft in sich stünde, sondern zugleich und an jeder Stelle ein existentielles, nämlich die Daseinswelt des

Menschen, der sie hervorbringt und in ihr lebt. Der Maßstab, an welchem sie gemessen wird, ist also nicht nur die Frage, was sie leiste, sondern auch die, was in ihr aus dem Menschen werde. Das gilt nicht nur für Wirtschaftsordnung und Wohlfahrtswesen, sondern auch für den Staat, die Kunst, ja selbst für die Wissenschaft. Wir vergessen das leicht. Der neuzeitliche Gedanke der Autonomie der Kulturbereiche hat uns für wichtige Zusammenhänge blind gemacht.

Die Frage ist um so dringlicher, als das Werden der Kulturformen sich immer schneller vollzieht. Dabei wird das weithin gewohnte Bild einer wertmäßig aufsteigenden Bewegung, wie sie sich im Begriff der Entwicklung ausdrückt, durch ein anderes durchkreuzt: nämlich das eines Abgleitens auf sich senkende Bahn. Zum ersten Bild gehören die Optimismen, die Lehren von Fortschritt und glorreicher Zukunft; zum zweiten das Gefühl, daß die Dinge nicht stimmen und alles auf eine Katastrophe zugeht. Und man tut gut, sich gegenwärtig zu halten, daß es nicht die tieferen Geister sind, welche sich zum optimistischen Bild bekennen.

Durch die Kulturarbeit sichert sich der Mensch gegen die Gefahren der Natur und bemächtigt sich dieser für seine Zwecke. Das heißt, er gewinnt immer größere Macht. Doch ist Macht kein Wert in sich. Was sie gilt, wird erst durch die Frage definiert: Macht wozu? Der tiefer blickende Betrachter hat aber den Eindruck, die Frage werde nicht klar beantwortet – ja nicht einmal wirklich gestellt. So bekommt er das unheimliche Gefühl, diese Macht werde im Grunde gar nicht mehr vom Menschen regiert, sondern dieser komme immer deutlicher in die Rolle eines bloßen Erzeugers oder Umformers von Energie. Er sei gar nicht mehr ihr wirkliches Subjekt, sondern Durchgang für einen anonymen Strom von Einsichten, Erfindungen, Konstruktionen. Ja er kann nicht umhin, zu denken, der heutige Mensch sei im Grunde mit dieser Rolle einverstanden; er fühle sich darin sogar wohl, da sie ihn von der Verantwortung entlaste ... Das zeigt sich an zwei Begriffen, die maßgebende Bedeutung gewonnen haben. Der erste ist der des »Prozesses«. Durch ihn sieht der Mensch sich und sein Tun unter dem Bild eines Geschehens, worin die jeweilige Phase mit Notwendigkeit aus der früheren hervorgeht ... Der zweite Begriff aber ist der des »Fortschritts«. Dieser sucht dem des Prozesses Sinn zu geben, indem er sagt, letzterer gehe mit Sicherheit auf das Bessere zu. Je intensiver und je länger er also im Gang sei, desto reicher, freier, menschenwürdiger werde das Dasein ...

Die ganze Vorstellung kann verschiedenen Charakter annehmen. So ist zum Beispiel der liberale Individualismus der Meinung, das wirkende Element sei die Spontaneität des einzelnen. Je zuversichtlicher dieser sich auswirke, desto fruchtbarer für alle werde die Resultante. Der Totalismus hingegen behauptet, der eigentliche Motor sei eine im Geschichtsganzen wirkende Notwendigkeit, die sich maßgeblich im Staat ausdrücke. Je vollständiger diese die Initiative habe, desto sicherer werde die Geschichte zum allgemeinen Besten führen. Diese Gedanken bilden zu einem guten Teil Säkularisierungen der christlichen Vorsehungslehre. Sie haben weithin den Charakter unge-

prüfter, ja unbewußter Motivationen angenommen; um so größer dadurch ihre Kraft.
Wenn ich recht sehe, beginnt aber die Einsicht durchzudringen, diese Vorstellungen seien falsch. Einmal vom Gesichtspunkt des objektiven Kulturwerkes selbst her. Wenn man aus diesem eine einzige Linie herauslöst – etwa die eines bestimmten technischen Problems oder einer therapeutischen Methode – dann wird ein klarer Fortgang zum Besseren deutlich. Nimmt man aber die Kultur im ganzen; beobachtet, wie jedes ihrer Momente in jedes andere hinüberwirkt, so sieht man, daß immer Gewinn in einer Hinsicht mit Verlust in einer anderen bezahlt wird. So bleibt die Frage, ob dieses Ganze sich auf das Bessere oder das Schlimmere zu bewege, ohne Antwort.
Noch problematischer wird die Sache, sobald gefragt wird, was dabei aus dem Menschen werde. Dann sieht man zum Beispiel, daß die überall eintretende Spezialisierung die Persönlichkeit verengt; dort aber, wo eine gewisse Universalität erreicht wird, keine wirkliche Ganzheit, sondern ein Dilettantismus zustande kommt. Daß die Vervollkommnung der objektiven Apparaturen und Einrichtungen die lebendigen Organe schwächt; die Rückkehr-Bewegungen zur Natur aber sonderbar machen. Ja man sieht, wie im Widerspiel zur Sorge um den Menschen die Kurzschluß-Lehre verkündet wird, die Wissenschaft habe sich überhaupt nicht um Werte zu kümmern, sondern nur zu forschen, gleichgültig, was daraus werde; die Kunst sei bloß für sich selbst da, und ihre Wirkung auf den Menschen gehe sie nichts an; die Gebilde der Technik seien Werke des Übermenschen und lebten aus eige-

nem Recht; die Politik realisiere die Macht des Staates und brauche sich weder um die Würde noch um das Lebensglück des Menschen zu kümmern und so fort. Die oben genannten Vorstellungen sind Versuche, die tiefe Anarchie zu rechtfertigen, welche im kulturellen Handeln herrscht. Das mag angehen, solange noch neutraler Raum und ungenützte Reserven da sind. Unsere Situation ist aber derart dicht geworden, und die ins Spiel getretenen Energien sind derart angewachsen, daß der Individualismus offenkundig am Ende ist; der Totalismus aber, trotz seiner augenblicklichen Hochkonjunktur, im Grunde ebenfalls.

Was geschehen muß

Da alles bedeutet: Es geht nicht mehr darum, in dieser oder jener Beziehung Besseres zu erfinden oder das Ineinander der Vorgänge zweckmäßiger zu organisieren. Grundsätzlicheres muß geschehen. Das Ganze des Daseins, Leben und Werk des Menschen, muß neu gesehen, unter richtige Maßstäbe gebracht und wesensgerecht geordnet werden.
Nun werden Sie kaum erwarten, der Schluß eines Vortrags werde dafür ernst zu Nehmendes beibringen. Ich kann nur Hinweise geben, aus persönlichen und das heißt, eingeschränkten Erfahrungen heraus. Diese aber – erlauben Sie mir, in aller Klarheit zu sprechen – gehen dahin, daß der heutige Mensch zu solchem neuen Sehen, Bewerten und Ordnen nicht imstande ist. Nicht fähig, die herrenlos werdenden Kulturmächte wieder in seine Gewalt zu bekommen.

Damit er dazu fähig werde, müssen Voraussetzungen geschaffen werden, die außerhalb des Fachlichen liegen. Das Zentrum des kulturellen Bewußtseins muß tiefer nach innen hin gelegt werden, damit jene Elementar-Akte des kulturellen Verhaltens, von denen die Rede war, in neuer Weise vollzogen werden können. Der Verantwortliche muß fähig werden, das, was geschieht, von Maßstäben her zu sehen, die ihn von überkommenen Denkgewohnheiten unabhängig machen – und von solchem Sehen aus das Kulturchaos, in dem wir leben, in einer Freiheit anzugreifen, die ihm gewachsen ist.
Das Gemeinte möchte ich mit zwei Begriffen ausdrükken, deren jeder Anstoß erregen – ihn hoffentlich erregen wird; denn alles wirklich Bewegende sprengt die Gewohnheit und fordert zunächst Gegenwehr heraus.

Einmal: Unser kulturelles Leben bedarf eines kontemplativen oder meditativen Elements. Das ist im Lauf der letzten Jahrhunderte durch die immer schnellere Entwicklung der westlichen Völker zum Rationalistischen und Aktivistischen verlorengegangen. Dadurch sind diese der Eigenlogik der wissenschaftlichen und technischen Probleme gegenüber wehrlos geworden.
Das Wort »kontemplativ« hat hier nichts mit Mystizismus zu tun, sondern ist ebenso realistisch wie praktisch. Es meint, in das Leben des heutigen Menschen, besonders dessen, der Verantwortung trägt und Entscheidung bewirkt, müsse etwas hineinkommen, das etwa folgendermaßen beschrieben werden kann: In ihm muß sich eine echte Innerlichkeit bilden, die den

veräußerlichenden und zerstreuenden Tendenzen der Zeit zu widerstehen vermag. Der personale Kern muß eine Festigung erfahren, die ihn fähig macht, jeweils aus dem Wahrheitsgewissen heraus eine Position zu beziehen, die stärker ist als Parole und Propaganda. Von dorther wird der Akt des Heraustretens – und nicht nur aus der Natur, sondern auch aus der Umwelt; aus dem Zustand der Zeit und der Gesellschaft; aus Konventionen und Traditionen aller Art – die Kraft gewinnen, wirklich zu widerstehen und durchzudringen. Dabei mag daran erinnert werden, daß Konventionen des Urteils in geistigen Dingen noch viel zäher sein können als solche in gesellschaftlichen. Er wird dazu befähigen, das, was geschieht, neu zu sehen, richtig zu beurteilen und die überall festgefrorenen Schein-Selbstverständlichkeiten zu durchschauen.

Es geht also nicht um ein spezifisch-religiöses Verhalten, sondern um etwas, das zum Gesamtleben des Menschen gehört – wenn Sie wollen, um »Kultur-Meditation«. Die kulturellen Erwägungen und Handlungen laufen für die Regel nur in dem betreffenden Sachbereich: der Wissenschaft, Technik, Wirtschaft, Politik und so fort. Sie sind vom Prinzip der Kraftersparnis bestimmt und halten sich daher möglichst in den gewohnten Sinn-Bahnen. Ebenso wie es nur sachlich bestimmte Kräfte des seelischen Ganzen sind, die in Aktion treten: Intellekt, Zweckdenken, technische Konstruktion und wirtschaftliche Organisation. Die tieferen Bereiche, das menschliche Mitleben der Probleme, der Ernst der Person und ihre Verantwortung werden nach Möglichkeit ausgeklammert, welche Ausklammerung sich dann als »Sachlichkeit« zu recht-

fertigen pflegt. Durch die Meditation würde der ganze Mensch in die Erwägung eintreten, ebenso wie sie den ganzen Sinnzusammenhang des Erwogenen vor die Augen bringen würde.
So könnte er zum Beispiel darüber nachdenken, ob es denn zutreffe, daß die wissenschaftlichen, technischen, politischen Vorgänge einen notwendig verlaufenden Prozeß bilden, und daher gehen müssen, wie sie gehen. Dabei könnte ihm klarwerden, daß sich hier in allerlei Verkleidungen das pseudo-religiöse Moment des Fatums eingeschlichen hat und ungeprüft seine Wirkung ausübt. Er könnte in einem echten inneren Zu-sich-Kommen fragen: Ist denn das wahr? Gibt es denn diesen »Prozeß«, dessen Vorstellung das marxistische Denken offen und das nicht-marxistische insgeheim beherrscht? Und es könnte geschehen, daß zuerst einzelne und dann immer mehr Menschen erkennten: Es ist ja nicht wahr! Wenn er etwa von daher das Verhältnis betrachtete, in das die Arbeiten der Kernphysik zu den Motiven und Methoden der Kriegsführung geraten sind, dann würde er sehen, daß jenes ominöse »Muß« durchaus nicht bestand; daß echte Möglichkeiten anderer Art offen waren; daß von verschiedenen Seiten, auch der der Wissenschaftler, wirkliche und weitreichende Schuld begangen worden ist, die aber dann durch das Dogma der politisch-militärischen Notwendigkeit überdeckt wurde.
Oder: er könnte sich die Frage stellen, ob denn wirklich »Wohlfahrt« der oberste Wert im inneren Aufbau des Staatswesens sei. Der neuzeitliche Mensch neigt zu dieser Meinung; ist sie aber richtig? Auch dann richtig, wenn sich zeigt, daß steigende Wohlfahrt nur durch

eine Apparatur von Gesetzen und Behörden, von Kontrollen und Zwängen erreicht werden kann, welche die Eigenständigkeit der Person schwächen und den Ernst ihrer Lebensverantwortung untergraben? Er könnte sich die scheinbar antisoziale Frage vorlegen, ob weniger Wohlfahrt und mehr Selbstverantwortung nicht besser wären als steigender Lebensstandard und fortschreitende Entmündigung? Eine echte Besinnung, welche den Bann des Üblichen abschüttelte und ans Wesen der Sache vordränge, könnte auch darüber die Augen öffnen. Ein so Überzeugter würde der schleichenden Totalisierung des Lebens entgegentreten können, die sich überall durch die Staatsapparatur vollzieht; im einzelnen immer durch vortreffliche Gesichtspunkte gerechtfertigt ist, aber auf die Dauer den Charakter der »res publica« verändert, die ja doch eine Ordnung von Personen unter den Maßstäben der Freiheit und Verantwortung sein soll.

In welcher Weise eine solche Meditation der kulturellen Dinge zu lernen und zu üben wäre, ohne daß sie in esoterische Geheimnistuerei oder in reformistische Künstlichkeiten überginge, wäre eine Frage für sich. Es wäre eine sehr ernsthafte Aufgabe der Erwachsenenbildung, sich darum zu bemühen. Vor allem dafür zu sorgen, daß nicht wieder und auf einem neuen Gebiet ein Betrieb entstünde: Vortragsfolgen, Arbeitswochen, Bücher und Broschüren und Artikel, in denen der neue Fund zu einer Sensation ausgewalzt würde. Sondern daß im Ernst die Frage durchgedacht würde, wie Einsicht zustande kommt; echte, die nicht nur intellektuelle Richtigkeit produziert, sondern ins Wesen geht und einen Ernst erzeugt, der mehr ist als bloße Sachlichkeit.

Der zweite Begriff hängt mit dem Dargelegten eng zusammen: der der Askese. Sie ist dem neuzeitlichen Kulturmenschen ein Greuel; Ausdruck einer vom Metaphysischen oder gar Hieratischen her kommenden Feindschaft gegen das Leben. In Wahrheit ist auch hier etwas verlorengegangen, und der moderne Mensch ist dadurch schwächer geworden. Der heutige und künftige Mensch hat es mit Energien von ungeheuerlichen Dimensionen zu tun. Er ist Gefährdungen ausgesetzt, die bis auf den Grund gehen. Seine Situation ist aber aus einer relativistischen Geisteshaltung nicht zu bewältigen. Diese schafft eine Menschenart, die nur in den wissenschaftlichen und technischen Problemstellungen hart, in ihrer personalen Haltung aber sehr weich ist. Bei ihr kommt der Unterschied von Recht und Unrecht; das Verhältnis zwischen dem Nützlichen und der Achtung vor dem Menschen; die Rangordnung des Wesentlichen und des Zufälligen und so fort, ins Fließen. Der Mensch wird wehrlos gegen das Gefälle des kulturellen Geschehens und versteckt seine Schwäche hinter dem Satz von der Unausweichlichkeit der Prozesse.

Der Mensch muß wieder absolute Positionen beziehen; sich wieder fähig machen, in Dingen des kulturellen Lebens ein wirkliches Urteil zu bilden und es aufrecht zu halten; Stellung zu nehmen und sie durchzukämpfen. Das geht nicht von selbst, sondern die tragenden Akte müssen entwickelt werden; was aber das leistet, ist eben Askese: eine Selbstzucht, welche das Unmaß der Lebensansprüche einschränkt, die Hemmungslosigkeit des Verbrauchens und Genießens ins Maß bringt, die Diktatur des Ehrgeizes und der Gewinnsucht durchbricht – und alles das nicht aus Lebensfeindschaft, sondern aus dem Willen zu freierem und wertvollerem Leben.

Ohne uns dem Verdacht der Selbstverherrlichung auszusetzen, dürfen wir sagen, daß in unserer Zeit ganz neue Möglichkeiten der Größe des Handelns und des Seins liegen. »Größe« ist aber nichts Quantitatives, sondern Sache inneren Wertes; Sache der Freiheit und des Stils. Doch ist Größe nie aus Nachgiebigkeit gegen den Trieb hervorgegangen.

Dann aber geht der Gedanke der Askese tiefer, und es erwachen Fragen, die dem neuzeitlichen Hörer wahrscheinlich sehr reaktionär klingen. Zum Beispiel: Muß jede gewonnene Erkenntnis gleich allgemein zugänglich gemacht werden? Eine Regel des neuzeitlichen Wissenschaftsbetriebs sagt so; ist sie aber richtig? Verkleidet sich in ihr nicht der rationalistische Optimismus, wonach wissenschaftliche Wahrheit immer zum Guten sei? Ein Physiker unserer Zeit hat gesagt, wir begännen zu ahnen, daß die Linie der wissenschaftlichen Erkenntnis sich nicht mit der des menschlichen Gedeihens decken müsse: entstehen daraus nicht Probleme der Weisheit? Des Bewußtseins, daß jede Erkenntnis wirkt; man daher den Menschen Zeit geben muß, der bisher gewonnenen Erkenntnis nachzuwachsen? Daß es ein großer Unterschied ist, ob ein Gedanke vom wissenschaftlich trainierten Geist gedacht oder aber dieser Gedanke in die Öffentlichkeit geworfen wird und dort Konsequenzen sehr verschiedener Art nach sich zieht? Alles das setzt aber die Fähigkeit voraus, zu schweigen; und das heißt auch, gegebenenfalls auf Priorität, Ansehen, Gewinn zu verzichten . . . Die allgemeine Ansicht geht dahin, die rasende Folge der technischen Entdeckungen und Erfindungen sei einfachhin Gewinn. Könnte eine tiefere Besinnung nicht die Unwahrheit dieser Meinung durchschauen? Technische Neuerungen müssen doch menschlich verarbeitet werden; dafür braucht es aber Zeit. Ist es also nicht – um härtere Urteile zu vermeiden – einfach leichtfertig, wenn eine Neuerung nach der anderen realisiert wird? Gibt es neben der Ökonomie des Materiellen nicht eine solche des Menschlichen? Haben wir nicht einfach vor den technischen Problemzwängen kapituliert, und lassen das Erfinden und Konstruieren wild laufen? Man hat im Zusammenhang mit der Konstruktion der Atomgeschosse von der »Versuchung des Technischen« gesprochen. Ein sehr glücklicher Ausdruck für die Gewalt, welche von der Möglichkeit ausgeht, zu machen, daß etwas funktioniert. Das Buch von Robert Jungk über das Schicksal der Atomforscher spricht in sehr beunruhigender Weise davon, wie das Gewissen vor dieser Versuchung versagt hat, und dieses Versagen dann mit den Worten Fortschritt, militärische Notwendigkeit, künftiger Wert für friedliche Ausnutzung und so fort zugedeckt worden ist. Das Buch ist ein erster Versuch; er sollte aufs intensivste fortgesetzt werden.

Solche Fragen zeigen auf die eigentlichen ethischen Probleme unserer Zeit. Sie sind wichtiger und, weil verborgen, wirksamer als so manche Fragen sozialer oder wirtschaftlicher Art, die ihre Worte und Diskussionsebenen schon gefunden haben. Ihre Lösung hängt aber zutiefst nicht von intellektuellen Erwägungen, sondern von charakterlichen Haltungen ab, die offenbar noch nicht da sind: von der Fähigkeit des Durchschauens und Überblickens, des Urteils und der Einordnung, der Weisheit und Maßhaltung, was alles nur durch eine innere Zucht gewonnen werden kann, die eben »Askese« heißt.

Ich weiß, was erwidert werden kann. Es ist ein Kinderspiel, das Gesagte lächerlich zu machen – ich möchte sagen: um so leichter, je oberflächlicher einer ist. In Wahrheit sind diese Erwägungen im höchsten Sinne realistisch, denn sie gehen aus der Sorge für jene Wirklichkeit hervor, die schließlich doch alles trägt, nämlich den Menschen und seine personale Integrität. Was hilft alle Technik, wenn der Mensch immer ärmer an menschlicher Substanz und immer schwächer in seiner Freiheit wird?

Hier fallen auch die letzten geschichtlichen Entscheidungen. Keine NATO-Beschlüsse, keine internationalen Kontrollen werden wirksam sein, ja auch nur über das Stadium diplomatischer Schlauheiten hinauskommen, wenn die Voraussetzungen für wirkliche Effizienz nicht hier geschaffen werden.

Wir fangen an, mit zögernder Hoffnung auf Indien zu schauen. Fragen uns, ob da nicht vielleicht ein neuer Faktor in die Weltpolitik tritt, der mehr bedeuten könnte als nur ein anderes Interessenzentrum und eine andere Verhandlungstechnik? Ob sich da nicht eine Haltung herausarbeitet, die bei GANDHI begonnen hat, der als Narr verlacht wurde, in Wahrheit aber die Freiheit Indiens begründet hat? Das Neue aber daran wäre, daß Menschen sich in den Besitz aller Wissenschaft und Technik setzten, aber aus einem vollständigeren Menschentum heraus dächten und handelten, als es das der veräußerlichten und verhetzten westlichen Welt ist – und der östlichen, sofern sie westliche Gedanken mit asiatischer Menschenverachtung verbindet.

So wäre noch manches zu sagen. Ich muß aber schließen und es Ihnen überlassen, was Sie mit diesen Gedanken anfangen können.

Zur Person

Romano Guardini wurde am 17. Februar 1885 in Verona geboren. Er besuchte die Volksschule und das Gymnasium in Mainz, studierte in Tübingen, München, Berlin und Freiburg. 1910 wurde er zum Priester geweiht, 1921 war er Privatdozent in Bonn. Von 1923–39 bekleidete er eine Professur für Religionsphilosophie und katholische Weltanschauung in Breslau mit Lehrtätigkeit in Berlin. 1939 wurde er von den Nationalsozialisten zwangsemeritiert. Es folgten Professuren in Tübingen 1945–48 und München 1948–63. Romano Guardini erhielt 1952 den Friedenspreis des Deutschen Buchhandels, 1958 wurde er Ritter des Ordens Pour le mérite. Er war die führende Persönlichkeit der katholischen Jugendbewegung (Quickborn). Wichtige Veröffentlichungen sind u. a.: Der Mensch und der Glaube (1933), Christliches Bewußtsein (1934), Hölderlin (1939), Zu R. M. Rilkes Deutung des Daseins (1941), Freiheit, Gnade, Schicksal (1948), Das Ende der Neuzeit (1950), Die Macht (1951), Der Tod des Sokrates (^{4}1956), Studien über den Glauben (1964). Romano Guardini starb am 1. Oktober 1968 in München. Den Guardini-Lehrstuhl an der Münchner Universität übernahmen Karl Rahner (bis 1974) und anschließend Eugen Biser (bis 1986). 1986 wurde von der Katholischen Akademie in Bayern ein Guardini-Archiv gegründet. Um das Ansehen Guardinis zu fördern, wurde der

Romano-Guardini-Preis gestiftet. Letzter Preisträger war der 1911 in Solingen geborene Georg Meistermann, der sich u. a. hauptsächlich um die Gestaltung sakraler Altar- und Kirchenfenster verdient machte.

Bibliographische Notiz

Die im Kapitel »Natur und Schöpfung« angeführten Texte entstammen dem Werk Romano Guardinis »Welt und Person«, Würzburg 1950.

»Die Entstehung des Glaubens« findet sich in: »Vom Leben des Glaubens«, Mainz 1949.

Der Text »Die christliche Liebe« wurde 1940 in Würzburg aufgelegt.

»Das Wesen der Macht« findet sich in dem Band »Die Macht«, Würzburg ^{2}1952.

»Vom Wesen der Tugend« ist in dem Band »Tugenden«, Würzburg 1957, enthalten.

»Die Kultur als Werk und Gefährdung« erschien in Würzburg 1957.

Die Ansprache von Prof. Ernst Reuter anläßlich der Verleihung des Friedenspreises des Deutschen Buchhandels an Romano Guardini wurde vom Börsenverein Deutscher Verleger- und Buchhändler Verbände e. V. Frankfurt/M. 1952 herausgegeben.

Von Romano Guardini sind ferner lieferbar: (Auswahl)

- Briefe über Selbstbildung, Mainz-Weisenau ^{12}1978
- Christliches Bewußtsein. Versuche über Pascal, München ^{3}1956
- Dante-Studien (2 Bd.), München ^{2}1951 u. 1958
- Freiheit, Gnade, Schicksal, München ^{6}1979
- Der heilige Franziskus, Zürich 1978
- Hölderlin. Weltbild und Frömmigkeit, München ^{3}1980
- Rainer Maria Rilkes Deutung des Daseins, München ^{3}1977
- Der Raum der Meditation, Mainz-Weisenau 1980
- Religiöse Erfahrung und Glaube, Mainz-Weisenau ^{2}1979
- Religiöse Gestalten in Dostojewskis Werk, München ^{6}1977
- Die Technik und der Mensch, Mainz-Weisenau 1981
- Vom lebendigen Gott, Mainz-Weisenau 1981
- Vom Sinn der Schwermut, Mainz-Weisenau 1983
- Wahrheit des Denkens und Wahrheit des Tuns, Paderborn 1980

Eine ausführliche Bibliographie der Werke Romano Guardinis erschien erarbeitet von Hans Mercker und herausgegeben von der Katholischen Akademie in Bayern, 1978, in Paderborn/München/Wien/Zürich.